共享经济的道德风险治理

GONGXIANG JINGJI DE
DAODE FENGXIAN ZHILI

殷 红 著

上海科学技术文献出版社
Shanghai Scientific and Technological Literature Press

图书在版编目（CIP）数据

共享经济的道德风险治理 / 殷红著 . —上海：上海科学技术文献出版社，2021
（信息管理新视野）
ISBN 978-7-5439-8284-0

Ⅰ.①共… Ⅱ.①殷… Ⅲ.①商业模式—道德建设—研究 Ⅳ.① F71

中国版本图书馆 CIP 数据核字 (2021) 第 043656 号

责任编辑：徐　静
封面设计：袁　力

共享经济的道德风险治理
GONGXIANG JINGJI DE DAODE FENGXIAN ZHILI
殷　红　著
出版发行：上海科学技术文献出版社
地　　址：上海市长乐路 746 号
邮政编码：200040
经　　销：全国新华书店
印　　刷：常熟市人民印刷有限公司
开　　本：787mm×1092mm　1/16
印　　张：5.5
字　　数：133 000
版　　次：2021 年 10 月第 1 版　2021 年 10 月第 1 次印刷
书　　号：ISBN 978-7-5439-8284-0
定　　价：48.00 元
http://www.sstlp.com

摘 要

共享经济通过网络平台将个体所拥有的闲置资源进行社会化利用,提高了社会资源的使用效率。信用是共享经济的基石,作为一种陌生人合作共享的商业模式,在平台责任界定不清、信用体系不健全以及先行赔付机制缺乏等情况下,共享经济面临"监管难、取证难、维权难"的困境,极易诱发各类道德风险问题。如何有效治理共享经济中的道德风险,保障共享经济主体的利益,成为共享经济健康发展迫切需要解决的问题。

本书在分析共享经济道德风险的特征的基础上,提出了针对共享经济道德风险治理的思路,深入研究了治理道德风险的三种机制即声誉激励机制、信用保证机制和失信惩罚机制,并探讨了如何通过平台自律、第三方中介参与、政府监管来发挥这些机制的作用。在声誉激励方面,通过博弈分析和实证分析着重研究了个体声誉机制、集体声誉机制、信用免押机制在防范共享经济道德风险中的作用机制,以及发挥这些机制的对策建议;在信用保证方面,不仅对共享经济平台的信用保证金机制进行了分析,还研究了第三方支付机制和保险机制等在提高共享经济交易信用中的作用;在失信惩罚方面,提出了共享经济模式的在线纠纷解决机制,并对第三方征信和行业协会的失信惩戒作用以及它们应用的现状、存在的问题及对策进行了探讨。

同时,结合近期热门的大数据分析和区块链技术,提出了基于大数据分析的和去中心化的道德风险治理新模式。以共享单车模式为例,利用大数据分析方法分析了用户行为特征,研究了基于大数据的道德风险甄别方法和单车资源配置策略。另外,本项目试图将区块链的思想应用到共享经济领域,探讨基于区块链的信用管理体系构建,主要利用区块链技术的特点,设计基于区块链的共享经济信用评价模型和分布式自主信用模型。

最后,本书还研究了共享经济中政府与市场的关系,通过构建共享经济交易市场模型,分析了政府在共享经济道德风险治理中的角色和定位,并基于此从监管模式、监管方式和法律法规三方面提出了合理的政策建议。

本书受国家社会科学基金项目"共享经济背景下的共享心理与消费行为形成机理研究"(编号:19BGL106)和上海市科技发展基金软科学研究项目"共享经济模式下的道德风险治理机制与对策研究"(编号:17692104400)资助。

目　录

引言 ... 1

1　共享经济的道德风险治理思路 ... **4**
　1.1　共享经济行业发展趋势 ... 4
　1.2　共享经济中的道德风险特征 ... 5
　1.3　共享经济道德风险防范现状及存在问题 ... 7
　1.4　共享经济道德风险的治理思路 ... 8

2　共享经济中的声誉激励机制 ... **11**
　2.1　个体声誉机制 ... 11
　2.2　集体声誉机制 ... 25
　2.3　信用免押机制 ... 34

3　共享经济中的信用保证机制 ... **40**
　3.1　平台的信用保证金机制 ... 40
　3.2　第三方支付机制 ... 41
　3.3　信用保证保险机制 ... 43

4　共享经济中的失信惩罚机制 ... **45**
　4.1　第三方征信机制 ... 45
　4.2　在线纠纷解决机制 ... 49
　4.3　行业协会惩罚机制 ... 50

5　基于大数据和区块链的新型治理模式 ... **52**
　5.1　基于大数据的用户行为分析——以共享单车为例 ... 52

5.2　基于大数据分析的资源配置策略 ………………………… 58
　　5.3　基于区块链的共享经济信用管理体系 …………………… 62

6　共享经济道德风险治理的政策建议 …………………………… 66
　　6.1　共享经济中政府与市场的关系分析 ……………………… 66
　　6.2　政策建议 …………………………………………………… 72

结论 ………………………………………………………………… 76

参考文献 …………………………………………………………… 77

附录一　图片索引 ………………………………………………… 80

附录二　表格索引 ………………………………………………… 82

引 言

随着互联网技术的推广、社交网络生态的日益成熟,共享经济这一全新的商业模式正以前所未有的速度影响着各行各业。以滴滴为代表的共享交通,以 Mobike 为代表的共享单车,以 Airbnb 为代表的共享住宿等,正不断改变着人们的生活方式。从在线创意设计、营销策划,到餐饮住宿、物流快递、资金借贷、生活服务、医疗保健、知识技能、科研实验等,共享经济创造了一种以合作式消费为主要形式的社会价值增长新模式,已经渗透到几乎所有的领域。

2017 年以来,共享经济持续火爆,共享经济产业迎来了最好的发展时期,产业发展力得以释放。国家信息中心发布的《中国共享经济发展年度报告 2018》显示,2017 年我国共享经济市场交易额约为 49 205 亿元,比上年增长 47.2%。除在共享出行、共享房屋等领域继续渗透外,共享篮球、共享雨伞等新概念、新产品不断涌现,共享充电宝更是自 2017 年一季度以来累计获得超过 3 亿元的融资。据统计,到 2020 年,共享经济规模将达到中国 GDP 的 10% 以上。李克强总理在 2016 年政府工作报告中也明确提出要鼓励和支持共享经济的发展。共享经济将个体所拥有的闲置资源进行社会化利用,能够提升资源的使用效率,实现个体福利的提升和社会整体的可持续发展,正成为目前最具活力的经济形态之一。

随着共享经济新模式新业态的层出不穷和快速扩张,各类道德风险问题频繁发生,如 Airbnb 被曝出出租房被房客损害甚至洗劫一空的事件;央视也不断曝光共享单车用户的一些不文明行为,如随意停放、为单车加私锁,甚至在二手交易平台公开叫卖等。由于我国尚未建立起完善的社会征信体系,对于陌生人之间合作分享的共享经济模式,随机匹配的交易双方存在较大的信息不对称和信用危机,在平台责任界定不清、信用评价体系不健全以及先行赔付机制缺乏等情况下,共享经济面临"监管难、取证难、维权难"的困境,极易诱发各类道德风险问题。共享经济说到底是"信用经济",服务的两端若无信任的建立,交易便无从谈起,因此道德风险问题已经成为共享经济模式发展的最大瓶颈。由此可见,研究共享经济模式下的道德风险治理机制和对策,是当前完善商业模式、促进共享经济健康发展亟待解决的关键问题。

以 Airbnb 和 Uber 为代表的商业模式在全球范围内的成功和扩散,宣告了共享经济的崛起[1]。综合国外关于共享经济的已有研究,交易成本理论、协同消费理论和多边平台理论是三个常用的理论分析框架[2]。共享经济的驱动因素[3-4]、非营利性共享与营利性共享的区别和联系[5-6]、共享经济的影响评估[7-8]、共享服务与传统服务的异同[9-10]、新兴业态的冲击与传统服务行业模式创新[11-12]、共享经济企业商业模式分析[13]等是国外文献集中关注的重要问题。

由于美国等发达国家大都建立了一套非常成熟的社会信用体系,市场化的个人征信制度已趋于完善,政府还通过立法和监管将信用体系纳入法律范畴,良好的市场诚信体系为共享经济的发展提供了坚实的信任基础,基于声誉反馈机制就能较好地解决共享者之间的道德风险问题[7],因此国外关注共享经济信用问题的文献还较少。屈丽丽[14]认为,由于美国等国家已经拥有了很好的社会征信体系,创新的互联网企业就无需再承担这一成本及其背后的风险,在商业模式的设计上就显得更加简单而轻松。国外少量研究信任机制的文献中主要关注,共享平台为促进信任而进行的一些市场设计所引起的歧视问题。Edelman等[15]对于不同种族人群在Airbnb预定行为的随机实验表明,公开买家和卖家真实姓名的市场设计将使得具有非洲裔美国人姓名特征的群体比拥有白色人种姓名的群体预定成功的比率低16%左右。

由于我国还不存在完善的社会信用体系,市场化的个人征信才开始起步,相关的法律还不健全,因而在我国发展共享经济的信用基础还比较薄弱,道德风险问题成为共享经济发展的重要障碍之一。由于实践中关于共享经济的企业监管、税收及不正当竞争方面的争议愈演愈烈,因此一些文献重点对共享经济商业模式的价值、税收问题以及法律规定等方面进行了研究。郑志来[16]从提高资源利用率、价格、运营成本、个性化与定制化服务、长尾客户等方面分析了共享经济商业模式的价值;李波等[17]研究了共享经济商业模式纳税的必要性和税收监管等问题;彭岳[18]和侯登华[19]以互联网专车为对象研究了共享经济平台的法律地位和共享经济的法律规定问题。

也有一些文献对共享经济的道德风险问题、信任机制建立以及信用监管等进行了研究。

一、共享经济的道德风险研究。陈茜[20]研究了我国在线短租交易模式下的道德风险类型及产生原因;李珍珍[21]研究了共享单车模式的道德风险问题;谈超等[22]对互联网金融P2P模式的道德风险进行了研究。共享经济道德风险产生的根源是"陌生人交易"的极度信息不对称,只有通过完善交易双方的信用信息、减少信息不对称,才能从根本上解决道德风险问题,因此一些学者从完善平台信用评价体系方面提出了防范道德风险的方法。如盛中华[23]以小猪短租为例,提出平台应与芝麻信用合作,将个人征信体系引入在线短租行业,用户注册时要开通自己的信用名片,交易双方可以通过信用评分更快辨别和做出选择。

二、共享经济的信任机制研究。谢雪梅[24]以小猪短租为例对共享经济下消费者信任的形成机制进行了实证研究,分析得出在线评分趋于同质性不能有效决定共享信任,共享主体个人特征是影响信任形成的关键因素。目前较少有文献从平台交易规则方面研究提升交易信任度的方法。Ert[25]通过对Airbnb的实证分析得出,通过在平台上放置房东的个人照片可以提高交易成功的概率;刘奕等[26]提出了一个由保险协议和交易机制构成的保险机制来加强对各主体权益的保护。可见,信任机制不足仍然是目前共享经济面临的重要问题。

三、共享经济的外部监管研究。外部监管是促进平台内部信用管理的重要手段。由于共享经济模式的营利方式更多依赖入驻服务提供商的数量,因而平台更易放松对服务提供商的审查和管理,而且线上线下交易分离模式也使得平台应承担的监管责任难以界定,因此对共享平台的监管要比对其他电商平台的监管更加复杂。唐清利[27]针对专车类共享经济提出了"合作监管+自律监管"的混合监管模式;陈元志[28]提出了面向共享经济的创新友好型监管模式;张衡[29]研究了共享经济下政府监管的困境与监管创新。目前对于共享经济的监管研究还主要集中在强化平台责任、建立第三方信用服务机构、建立行业标准、完善法律法规等方面。然而,不同于C2C、B2C等模式,共享经济的新业态和新模式对主管部门和行业的监管提出了更高的要求。

综上可知,目前对于共享经济领域的道德风险研究,仅局限于针对典型行业的具体道德问题,从加强行业监管方面提出政策建议,还缺乏深入的、系统性的研究。本研究拟从声誉激励、信用保证、失信惩罚等方面,基于理论分析、实证分析、大数据分析以及区块链技术,对共享经济道德风险的治理方法进行全面深入的研究,并从平台自律、第三方参与、政府监管方面提出相关的对策建议。

本研究分为四个部分:第一部分通过分析共享经济典型行业的道德风险表现,总结道德风险的特征,剖析道德风险产生的原因,提出治理道德风险的总体思路;第二部分深入研究防范和治理道德风险的三种机制即声誉激励机制、信用保证机制和失信惩罚机制,并探讨如何通过平台自律、第三方中介参与、政府监管来发挥这些机制的作用;第三部分基于大数据分析和区块链技术,探索治理共享经济道德风险的新模式和新思路;第四部分研究政府在共享经济道德风险治理中的角色和定位,并基于此从监管模式、监管方式和法律法规三个方面提出合理的政策建议。

针对共享经济领域道德风险的特征,研究一套适合共享经济模式的道德风险防范和治理方法,对于解决当前共享经济的诚信问题,推动共享经济的健康发展具有重要的现实意义,也能为电子商务领域的信用风险管理提供一定的指导。

1 共享经济的道德风险治理思路

1.1 共享经济行业发展趋势

共享经济实质就是将闲置的资源共享给其他需要的人,在提高资源利用率的同时,从中获得相应的回报,其核心理念就是共同拥有而不占有。据国家信息中心发布的《中国共享经济发展年度报告 2018》显示,2017 年我国共享经济市场交易额约为 49 205 亿元,比上年增长 47.2%;我国共享经济平台企业员工数约 716 万人,比上年增加 131 万人,占当年城镇新增就业人数的 9.7%,意味着城镇每 100 个新增就业人员中,就有约 10 人是共享经济企业新雇用员工;我国参与共享经济活动的人数超过 7 亿人,参与提供服务者人数约为 7 000 万人,比上年增加 1 000 万人。共享经济正成为社会经济发展不可或缺的一部分,预计未来五年,我国共享经济有望保持年均 30% 以上的高速增长,共享经济将从起步期向成长期转型。

目前国内对共享行业需求量巨大,并且涉及的领域相当广泛。如图 1-1 所示,人们对于出行服务和房屋服务的需求量最大。出行服务是在国内出现相对较早的一种共享类型,共享驾乘类应用"滴滴"和"Uber"是最早的一批知名出行类应用,相较于其他共享经济应用,出行服务类的运营模式已相对成熟,人们对于出行服务的需求量仍然高居不下。在目前的共享经济类应用中,共享类企业的规模基本与人们的需求类型吻合,表 1-1 为中国目前共享经济规模排名前五的公司,其中前三均为共享交通。可见随着共享经济的深入人心,顺应时代潮流的共享类企业得到了社会的支持和推广,拥有极快的发展速度。

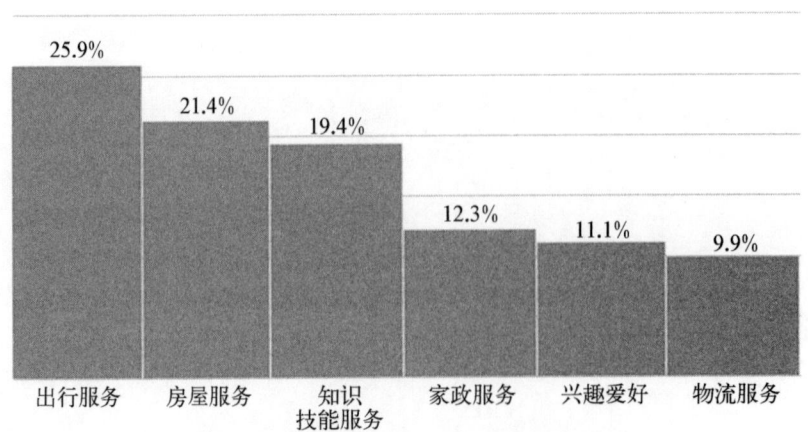

图 1-1 中国网民对共享资源需求度分布图

表 1-1 中国共享经济规模排名前五的企业

排序	企业	共享类型
1	滴滴	共享交通
2	美团	共享交通
3	哈啰	共享交通
4	小猪短租	房屋短租
5	途家	房屋短租

目前共享经济已逐渐融入各行各业中,表1-2列举了现在共享经济所涉及的行业及相关行业知名的企业,从中能够发现共享经济主要对应人们对于衣食住行等生活需求。在共享交通和房屋短租占据共享经济主体的前提下,物流服务等随着"互联网+"日趋成熟而需求量激增的应用领域也迎来了空前的发展。类似达达物流等室内配送物流行业在外卖等服务出现后,通过主打"最后三公里"的配送理念,在"6·18"年中购物狂欢节期间订单数突破5 000万单,可见人们的生活早已和共享经济紧密相连。

表 1-2 国内主要共享经济领域及代表性企业

应用领域	部分代表性企业
交通出行	滴滴出行、Uber、快的打车、美团、哈啰
房屋短租	小猪短租、途家网、Airbnb
P2P网贷	人人贷、点融网
物流快递	达达物流、人人快递、e快送
生活服务	58到家、e代驾、我有饭
技能共享	iworku、做到网

在过去的一年,国内共享单车行业迅猛发展很大程度上是得益于资本方的加入。共享单车推出后,诸如共享电动车和共享汽车等其他交通工具的共享模式也逐步推出。随着应用的不断推陈出新,相应的支撑技术也在大力发展中,高精度的定位以及大数据运用也伴随着共享经济所带来的大量信息而有了更具体的发展方向,应用和技术双向推动模式也将得到非常优良的发展。未来五年,共享经济所涉及的行业和深度会不断得到拓展,平台企业间的竞争将日趋激烈,行业并购会越来越多,精细化运营则成为企业竞争的焦点。农业、教育、医疗、养老等领域由于是民生关切的痛点,市场需求大,有可能成为共享经济的新"风口",其商业模式正在积极探索中。

1.2 共享经济中的道德风险特征

共享经济是典型的信用经济,具有陌生人之间"缺场"交易的显著特征。与传统的电子商务模式不同,在平台责任界定不清、信用体系不健全以及先行赔付机制缺乏等情况下,共享经济面临"监管难、取证难、维权难"的困境,极易爆发各类道德风险问题。共享经济道德风险是指从事共享经济交易的人在最大限度增进自身效用时所做出的不利于他人的行动。

对于不同的共享经济领域和共享经济模式,道德风险的表现形式会不一样,但也具有一些共同特征。表1-3列出了几种主要共享经济模式下的道德风险表现形式。

表1-3 几种主要共享经济模式的道德风险表现形式

共享经济模式		代表性企业	道德风险表现	
			供给方	需求方
C2C类型	共享交通模式	滴滴出行、Uber	服务态度差	随意取消订单
	房屋短租模式	小猪短租、Airbnb	描述与房屋不相符、乱扣押金或定金	损害物品、恶意评价
B2C类型	共享单车模式	美团、哈啰	押金退还难、押金营利	乱停乱放、加私锁

共享经济中的道德风险具有如下共同特征。

1. 需求方成为信息优势方

对于以"物品使用权转移"为核心的共享经济来说,在物品使用过程中需求方是信息优势方,这与其他电子商务模式中需求方总是信息劣势方的情形不同。由于需求方不是物品的所有者,在使用过程中可能会为了自身利益而损害物品,因此在交易的需求方经常会发生损害物品、不遵守使用条例等的不良行为。在房屋短租领域,房屋被损坏甚至被洗劫一空的现象时有发生,据中消协的调查显示,房客蓄意破坏房屋引发的纠纷投诉比传统旅游业高出20%。在共享单车领域,损坏率和丢失率居高不下,美团单车在上海运营4个月损坏率达10%,哈啰单车损坏率超过30%。严重的需求方道德风险可能会影响到企业的正常运营,3Vbike共享单车倒闭的原因就是大量单车被盗,还有"共享e伞"的3万把共享雨伞在投放半个月后不见踪影,出现"一伞难觅"的现象等诸多案例。

2. 押金风险尤为突出

共享经济模式存在极度的信息不对称,为了建立陌生人之间的信任,往往需要借助于押金制度。因此,除了"物品与描述不相符"这一网络交易共有的道德风险外,围绕着押金制度所衍生出来的一系列问题如乱扣押金、押金退还难、押金营利等则是共享经济的新生现象。如房屋短租领域房东经常被房客投诉不按约定退还押金或预付金,在入住前取消订单需要支付超额违约金,或以严苛的条件克扣押金、预付金等问题。随着2017年下半年的共享单车倒闭潮,押金退还难成为社会广泛关注的焦点,还有美团、哈啰等企业被广泛质疑的押金营利行为等,使得对押金存管的规范化成为当前共享经济领域关注的热点问题。

3. 平台的"隐形人"角色

传统的电商模式主要以商品交易为主,而交易商品具有可描述、可退换、可取证等特点,因此传统的电商平台通过资金托管功能、无理由退换货制度、先行赔付制度等就能大大减少交易纠纷的发生,提高交易的信任度。而共享经济主要以提供服务为主,比如共享单车提供的是出行服务,短租提供的是住宿服务。而消费性服务相比于商品,难以描述、不可退换、难以取证,即使能取证,成本也很高,再加上共享模式"线上预付、线下体验"的交易特征,使得该模式下的道德风险更加难以预防和监督。另一方面,目前吸引大量供给者入驻,抢占市场份额仍然是大多数共享经济平台竞争的着力点,因此在利益的驱使下,平台可能会为了获得资源而放松对供给者的审核和监督,再加上目前管理层对共享平台应承担的职责还没有明确,因此作为以营利为目的的第三方,平台企业在共享经济的交易治理中充当了"隐形人"角色,间接促使了道德风险的发生。

不同的道德风险问题需要不同的机制来治理,因此需要建立一套完善的防范和治理机制来保障共享经济各主体的利益,促进未来共享经济的健康发展。

1.3 共享经济道德风险防范现状及存在问题

由于美国等发达国家大都建立了一套成熟的社会信用体系,而且政府通过立法和监管将信用体系纳入了法律范畴,因此基于声誉反馈机制就能较好地解决各类道德风险问题。而我国还不存在完善的社会信用体系,市场化的个人征信才开始起步,相关的法律也不健全,因而在我国发展共享经济的信用基础还比较薄弱。目前国内对于共享经济道德风险的防范方法主要集中于以下三个方面。

1. 建立信用评价机制

为了展示交易者的信用信息,共享经济平台大都建立了信用评价机制。以美团单车为例,其对用户的信用评价机制为:信用分起始分为100分,正常使用一次加1分,停进小区等行为一次扣20分。当分数低于80分时,每半小时骑行费用将由1元增加至100元。违反交规、未经授权移动或者改装车辆,一次性扣100分。美团单车还建立了一套信用激励和惩罚机制,如表1-4所示。短租平台没有对用户的信用评分,对房东的信用评价也只简单设计了对整洁卫生、描述相符、交通位置、安全程度、性价比等方面的五分评分制。然而这一套评价机制在实施效果上还存在一定的局限性。

表1-4 美团单车的信用激励和惩罚机制

加分项	具体加分	减分项	具体减分
正常骑行1次	1	违停一次	20
上报故障经核实有效	1	忘记关锁,车辆找回	100
举报违停经核实有效	1	交警阻拦、弃车逃走	50
邀请好友注册	2	加装私锁	扣至0分
填写邀请码	2	忘记关锁,车辆丢失	扣至0分
首次分享行程	2	非法移车	扣至0分

不管是共享单车平台还是房屋短租平台,为了更多地度量交易者的信用,还借助了互联网第三方征信数据,如芝麻信用等。但是芝麻信用的评级规则主要依据金融相关信息,还无法反映道德维度,因此直接应用于共享经济中并不完全适用。目前的个人征信无论是央行的征信还是互联网各种平台的征信,都是反映在个人的经济行为方面,如信用卡和贷款情况等,特别是互联网征信企业,利益驱使明显,个人信用分基本都是为贷款而设立的。而共享经济模式更多担心的是交易主体的道德风险问题,比如房屋财产损害、单车乱停乱放、网约车服务态度差等,因此目前互联网征信数据还无法反映个体在共享经济中的信用情况。对于共享经济中的信用度量还需要更完善的信用评价体系。

2. 设计信用保障制度

在社会信任基础薄弱、信用体系缺乏的情况下,要建立陌生人之间的交易,就需要更多地依靠信用保障制度设计,如C2C、B2C等网购模式就通过消费者保障金制度、担保制度、先行赔付制度、在线争议解决机制等,很好地保障了交易的诚信。共享经济模式也设计了一定的信用保障制度,例如共享单车的押金制度,然而这种保障金制度增加了交易的成本,百亿共享单车押金的背后就反映出了沉重的社会成本,这使得共享经济模式的吸引力大打折扣。另一方面,巨额的信用保障金极易沦为以营利为目的的平台企业的营利工具,如共享单车的"押金营利模式"就饱受诟病。因此,对于共享经济来说,还需要更多的信用保障制度设计来降低交易的信任成本,激发共享经济的活力。

3. 平台的内部监管

平台的内部监管仍然是对共享经济交易主体行为强有力的约束。然而,共享经济模式"线上预付、线下体验"的交易特征,使得平台的线上与线下管理相脱节,目前大多数共享经济平台如 Airbnb 等并不能完全掌握线下服务质量和消费行为,因而不能像 C2C 模式那样建立有效的在线争议解决及惩罚机制。另一方面,抢占市场仍然是目前共享经济平台竞争的着力点,因而平台容易放松对客户的审查和管理,而且作为新型的商业模式,平台应承担的责任边界还不明确,则更易导致平台对交易主体监管的无作为。因此,政府需要尽快明确共享经济平台责任、建立行业标准、完善法律法规等。

1.4 共享经济道德风险的治理思路

根据共享经济道德风险的特征和现有治理机制存在的问题,本研究提出了如下的治理思路,如图 1-2 所示。声誉激励、信用保证和失信惩罚是治理道德风险的最主要的三种手段,为此,首先深入研究共享经济中的声誉激励机制、信用保证机制和失信惩罚机制的作用机制,然后探讨如何通过平台企业、第三方中介和管理层来发挥这些机制的作用。

1. 声誉激励机制

声誉激励是治理道德风险成本最低的手段。本研究将声誉激励划分为个体声誉激励、集体声誉激励和信用免押激励三类来研究。个体声誉激励是自我执行的,容易受外部环境的影响,在信用评价体系不完善的情况下,个体声誉的激励作用较弱,集体声誉可以起到补充作用。集体声誉作为一种抵押,可以向用户承诺其成员不会有欺骗行为,成员的欺骗行为将损害整个集体的声誉,用户可以对整个集体实施惩罚。网络交易模式中的商盟制度就很好地发挥了集体声誉的自我监督作用,大大降低了平台的管理成本。信用免押是共享经济平台广泛使用的一种激励手段,它不仅能够提升用户维护自身信用的积极性,减少用户违约行为,还能有效避免沉淀押金带来的潜在风险。

2. 信用保证机制

声誉激励的发挥依赖于完善的信用评价体系。然而,当前的共享经济信用评价体系都存在一定的缺陷。当主体的信用无法确定或不准确时,声誉激励就很难发挥作用,只能通过设计一些保障机制来解决共享交易中的道德风险问题。信用保证主要是基于第三方中介来完成的,共享经济平台、第三方支付机构以及保险机构都可以充当信用中介的角色,因此通过设计合理的信用保证金机制、第三方支付机制、信用保证保险机制,可以加强共享经济中的信用和信任,有效预防交易双方的道德风险。

3. 失信惩罚机制

建立对失信者的惩罚机制,能对共享经济中的道德风险起到震慑作用,也是治理机制中

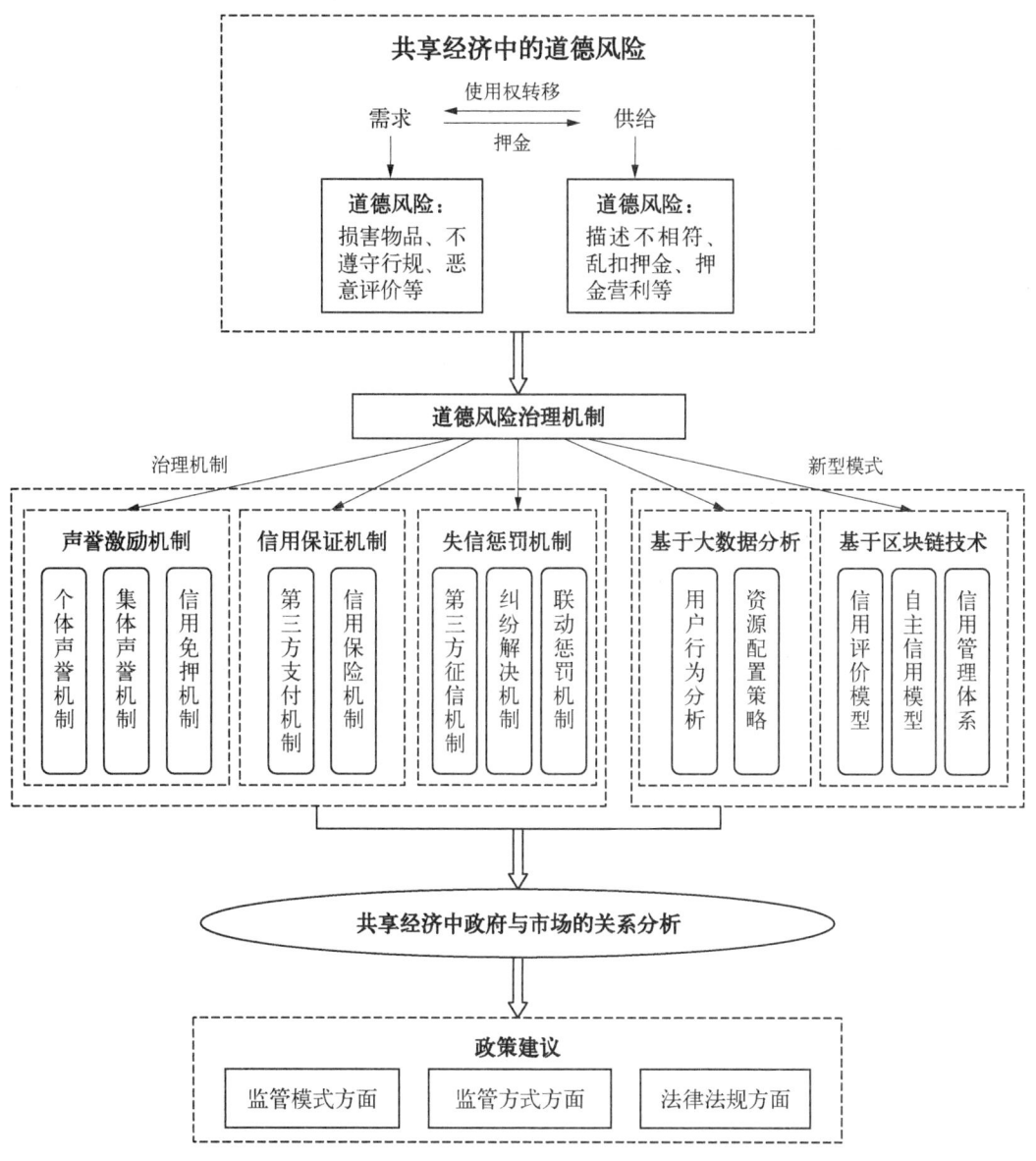

图 1-2 共享经济道德风险治理思路图

最强有力的手段。惩罚机制属于事后的一种机制,健全的法律和完善的司法体系是惩罚机制能够产生效果的基础。然而,由于共享经济发展时间短,立法和司法程序还相对落后,行政处罚的力度和范围还十分有限,因此对于共享经济中的失信,更多的是希望通过市场机制发挥作用来制约失信者的行为。第三方征信通过将共享经济的信用评价纳入其征信范畴,扩大了平台对于失信者的惩罚范围。在线纠纷解决机制是目前电子商务领域解决纠纷的最有效的市场手段之一,可以建立共享经济领域的在线纠纷解决机制来增加其交易的可缔约性。另外,在我国还未形成市场化的企业征信制度之前,行业协会也承担了第三方信用服务机构的角色,行业协会的监督和失信惩罚机制也能对共享经济的道德风险治理起到补充作用。

4. 基于大数据分析的治理方法

传统的道德风险治理机制的作用还十分有限,结合当前的最新互联网技术如大数据分析、区块链技术等,研究对于共享经济道德风险治理的新方法和新思路也具有一定的意义。基于大数据分析技术可以深度挖掘用户的行为特征,发现用户的不良行为,因此本研究也探索了如何运用大数据分析技术来发现和甄别共享经济中的道德风险。共享经济的一个重要作用就是提高资源的使用效率,因而对资源的配置就显得尤为重要,如果资源配置不合理,就容易引发各类道德风险。以共享单车为例,投放的不合理可能造成某些地方单车过多,乱停乱放,甚至阻碍交通等。如果能从资源配置上设置更好的运营策略和制度,就可以在一定程度上避免这类道德风险的发生。因此针对共享单车模式,利用大数据分析技术,本书研究了如何优化单车的配置策略来提高单车的利用率,包括通过一些激励措施来鼓励用户参与单车的分布结构优化等,从而从运营策略上提供一种防范道德风险的方法。

5. 基于区块链的治理模式

以上的治理机制需要依赖于中心化的网络平台,而中心化的网络平台作为以营利为目的的第三方,容易产生极度垄断,从而对行业发展和消费者产生不利影响。去中心化的道德风险治理模式可以弱化逐利性的网络平台的作用,极大地提高道德风险治理的效率。去中心化的道德风险治理模式主要是利用区块链技术的去中心化思想,设计基于区块链的共享经济信用评价模型和信用管理体系,这是一种分布式的、自主的、公平民主的、透明的信用模式。通过将区块链思想运用于共享经济领域的信用体系构建,不仅可以改善共享经济的信用环境,促进共享经济的发展,还能改进整个社会的信用环境,推动全社会的信用体系建设。

2 共享经济中的声誉激励机制

2.1 个体声誉机制

2.1.1 个体声誉机制的作用机制

根据重复博弈理论,对于关系固定的交易双方,只要他们有足够的耐心,重复交易的次数足够多,双方就会维持合作行为[30]。即使只交易一次,如果买方在交易前能够充分了解卖方的历史信息,那么卖方仍然会为了维护自己的声誉而和买方合作,因为维持合作所带来的未来收益流的现值可能大于不合作所得到的短期收益。这种隐性激励被称为声誉机制。

声誉机制在防范电子商务道德风险中的作用已被很多学者所证实[31-33],然而对于共享经济中的声誉机制的研究还较少。共享经济的交易模式与传统的电子商务交易模式有重要区别,主要体现在两方面:一是在交易过程中需求方是信息优势方,信用水平是其私人信息,供给方观测不到;二是在交易过程中需求方需要交纳押金,供给方通过判断需求者的行为来决定退还的押金数量。下面通过建立共享经济交易模型,来说明声誉机制在治理道德风险中的作用机制,以及声誉机制发挥作用的条件。

假设供给者在与某一需求者单次交易中可以获得的收益为 π。为了分析的简便,假设每次只交易单个物品。收益 π 与物品的真实价值 ρ、需求者的信用水平 θ 以及网络市场的不确定性 ε 有关,其中,需求者只有在使用物品后才了解其真实价值 ρ,在交易前只知道价值 ρ 的分布;$\theta(0<\theta<1)$ 是需求者的私人信息,ε 是随机变量。

假设 U 表示需求者在与供给者的单次交易中可以获得的效用,信用水平 θ 是需求者的选择变量,为了维持一定的信用水平,需求者需要付出成本,不妨设成本函数为 $C(\theta)$,满足:$C'(\theta)>0$,$C''(\theta)>0$ 和 $C(0)=C'(0)=0$。供给者为了对需求者的行为进行约束,需要收取押金 F,如果需求者是完全讲信用的即 $\theta=1$,那么押金全额退还,否则按信用水平退还押金即 θF。

在以上假定下,供给者与需求者单次交易的净收益为:

$$\pi(\rho, \theta, \varepsilon)+(1-\theta)F \tag{2.1}$$

需求者的净收益函数为:

$$U-C(\theta)-(1-\theta)F \tag{2.2}$$

交易的总社会福利为:

$$\pi(\rho, \theta, \varepsilon)+U-C(\theta)$$

在信息完全对称的情况下,需求者应该选择如下的信用水平 θ,以保证整个交易的社会福利最大化:

$$\max_{\theta} \pi(\rho, \theta, \varepsilon) + U - C(\theta) \tag{2.3}$$

假设供给者的收益函数是线性的,即 $\pi = h\rho + k\theta + \varepsilon$,$h$、$k > 0$,这是共同知识;$\rho$ 的分布是均值为 $\bar{\rho}$,方差为 σ_ρ^2 的正态分布;ε 也服从均值为 0、方差为 σ_ε^2 的正态分布;信用的成本函数为 $C(\theta) = \gamma \theta^2 / 2$,$\gamma > 0$。这里,$k$ 是信用的边际收益,γ 是信用的边际成本,总是假设 $k > \gamma$,并且押金数量 $F < \gamma$。容易证明,在这些假设下,对需求者来说最优的信用水平为 $\bar{\theta} = 1$。

由于共享经济交易的信息不对称,供给者观察不到需求者的信用水平 θ,因此,作为理性人的需求者会选择信用水平 θ 以最大化自身的收益,即:

$$\max_{\theta} U - \gamma \theta^2 / 2 - (1-\theta) F \tag{2.4}$$

容易求得 $\theta^* = F/\gamma < \bar{\theta} = 1$,也就是,在信息不对称下需求者会降低自身的信用以获得更大的利益,即道德风险发生。

然而由于共享经济平台能够自动收集和传递需求者的信用信息,因此声誉机制能够发挥作用,即如果需求者不诚信交易,受骗的供给者就会给他差评,后面的供给者观察到这一信息,就会减少与该需求者的交易次数,从而减少需求者未来的收益,出于对长期收益的考虑,需求者会保持较高的信用水平。下面把声誉这个隐性激励约束引入模型中。

为了分析方便,先考虑两阶段博弈的情况,博弈的时间周期是指完成一次交易所需的时间。在时期 t,供给者与需求者单次交易的净收益为 $\pi_t = h\rho + k\theta_t + \varepsilon_t$,$t = 1, 2$。假定随机变量 ε_1 和 ε_2 不相关,即 $\text{Cov}(\varepsilon_1, \varepsilon_2) = 0$。另外,在时期 t 供给者与需求者交易的概率为 m_t,取决于他们对该时期单次交易所能获得的收益的预期,即 $m_t = f(E(\pi_t))$,显然 $f'(\cdot) > 0$,为了简单,令 $m_t = \lambda E(\pi_t)$,$1 > \lambda > 0$。

假定需求者是风险中性的,并且贴现系数为 1,那么他在两个时期的总收益为:

$$\Pi = \sum_{t=1}^{2} [w_t - C(\theta_t) - (1-\theta_t) F(\theta_t)] \tag{2.5}$$

其中

$$\begin{aligned} w_1 &= m_1 U = \lambda U E(\pi_1) = \lambda U(h\bar{\rho} + k\bar{\theta}_1) \\ w_2 &= m_2 U = \lambda U E(\pi_2) = \lambda U E(\pi_2/\pi_1) \end{aligned} \tag{2.6}$$

$\bar{\theta}_1$ 为供给者对需求者 $t = 1$ 期信用水平 θ_1 的预期。

当博弈关系持续两期时,需求者在 $t = 2$ 期的最优信用水平仍为 $\theta_2^* = F/\gamma$,因为博弈没有第三期,需求者在该期无需考虑声誉问题。下面证明,需求者在 $t = 1$ 期的最优信用水平 θ_1^* 会严格大于 θ_2^*。这是因为,需求者在 $t = 2$ 期的收益 w_2 依赖于供给者对他的信用水平 θ_2 的预期,而 θ_1 通过对 π_1 的作用影响这种预期。

根据前述分析,容易求出:

$$E(\pi_2 | \pi_1) = E(h\rho | \pi_1) + E(k\theta_2 | \pi_1) + E(\varepsilon_2 | \pi_1) = hE(\rho | \pi_1) \tag{2.7}$$

假定供给者具有理性预期能力,即在均衡时 $\bar{\theta}_1$ 等于需求者的实际选择,当供给者观察到 π_1 时,知道 $h\rho + \varepsilon_1 = \pi_1 - k\bar{\theta}_1$,但不能把 $h\rho$ 与 ε_1 正确分开,供给者要根据 π_1 来推断 ρ。

令 $\tau = \dfrac{\text{Var}(h\rho)}{\text{Var}(h\rho) + \text{Var}(\varepsilon_1)} = \dfrac{h^2\sigma_\rho^2}{h^2\sigma_\rho^2 + \sigma_\varepsilon^2}$，根据理性预期公式：

$$E(\rho \mid \pi_1) = (1-\tau)\bar{\rho} + \tau(\pi_1 - k\bar{\theta}_1)/h \tag{2.8}$$

代入 w_2 的公式得：

$$w_2 = \lambda U h(1-\tau)\bar{\rho} + \lambda U \tau(\pi_1 - k\bar{\theta}_1)$$

将 w_1 和 w_2 代入需求者的收益函数为：

$$\Pi = \lambda U(h\bar{\rho} + k\bar{\theta}_1) + \lambda U h(1-\tau)\bar{\rho} + \lambda U \tau(h\bar{\rho} + k\theta_1 - k\bar{\theta}_1) - \gamma\theta_1^2/2 - \gamma\theta_2^2/2 \\ - (1-\theta_1)F - (1-\theta_2)F \tag{2.9}$$

由最优化的一阶条件得：

$$\theta_1^* = F/(\gamma - \lambda U k\tau) > F/\gamma = \theta_2^* \tag{2.10}$$

这说明当供给者和需求者的关系持续两期时，在 $t=1$ 期，需求者不会像单次博弈那样仅付出 θ^* 的信用水平，而是在声誉机制的作用下选择大于 θ^* 的信用水平。以此类推，如果这种关系持续 T 期，则有 $1 \geqslant \theta_1^* > \theta_2^* > \cdots > \theta_{T-1}^* > \theta_T^* = \theta^*$。这说明声誉机制减轻了需求者的道德风险，提高了需求者的信用。

根据以上分析，个体声誉机制要发挥作用，需要完善关于交易双方的信用评价信息。然而，共享经济模式的发展时间较短，对于共享主体的信用评价和展示还不完善，信用度量也不准确，因而不能有效地发挥个体声誉机制的作用。一方面，由于供给方的交易更为活跃，共享经济平台只建立了针对供给方的信用评价机制，对需求方的信用描述还较缺乏；另一方面，由于"刷信誉""炒作信用"等问题的存在，即使基于供给方的信用评价机制也不能准确地衡量供给者的信用。目前一些共享经济平台已经引入第三方征信信息作为对交易者信用的补充度量。然而无论是央行的征信还是互联网各种平台的征信，主要反映的还是个人的经济行为方面，如信用卡和贷款情况等。而共享主体发生更多的是道德风险，比如房屋财产损害、共享单车私有等，因此目前第三方征信数据还无法反映个体在共享经济中的信用情况。

针对以上问题，为了更好地发挥个体声誉机制在治理道德风险中的作用，共享经济平台应该：第一，建立健全交易主体的历史交易信息数据库，运用统计和大数据分析方法，改进其信用评价指标体系和信用评价方法；第二，借助社交媒体信息进一步确认供给者的身份信息，建立可以提前进行沟通的信息系统；第三，合理利用第三方个人征信数据，构建交易双方的信任预测模型和风险预警机制；第四，建立基于信用等级的明确奖惩机制，尤其要建立对低信用或严重违规主体的惩罚措施。

然而，在以上的完善对策中最重要的还是要改进目前共享经济平台的信用评价方法和评价体系，为此，本研究将以房屋短租模式为例来说明如何建立共享经济模式的信用评价体系。

2.1.2 共享经济的信用评价方法研究——以房屋短租为例

1. 信用评价指标体系建立

目前最典型的共享经济模式是共享交通和共享房屋，Uber 和 Airbnb 是这两个领域的领头羊。伴随着共享经济的兴起与盛行，国内一些房屋短租企业也逐渐发展并成熟起来，

"小猪短租"就是其中的典型代表。它是一个旅行房屋租赁社区,用户可通过网络或手机应用程序发布和搜索度假房屋租赁信息并完成在线预定程序,目前可为30多个城市的旅行者们提供独特的入住选择。为此,以"小猪短租"为例来分析共享经济模式的信用评价体系构建。

为了获得更多的房东基本信息,选择小猪短租上已经开通个人主页的房东作为研究对象,因为个人主页上有性别、年龄、学历等个人特征信息,而未开通个人主页的房东则没有此信息。另外,只采集所在地分布在北京、上海、广州、深圳四个一线城市的房东信息,主要考虑到一线城市经济发达,外来人口众多,房屋共享交易活跃,交易量大,因此能够在较短时间内收集到较多开通个人主页的房东信息。

小猪短租网站页面上能观察到的描述房东信息的指标可以分为四类:第一类为个人特征指标,包括房东的性别、年龄、职业、学历等;第二类为房东的交易态度指标,包括可预订房源、在线回复率、平均确认时长、房东日记数等;第三类为信用评价指标,包括房客点评数、在线评分、芝麻信用分等,在线评分分为总评分和分项评分,分项评分包括整洁卫生、描述相符、交通位置、安全程度、性价比五项,但并非每个房源均提供上述五项评分,因此使用总评分作为评分变量;第四类为交易历史指标,包括订单接收率、预订历史等。所有的指标及分类如图2-1所示。

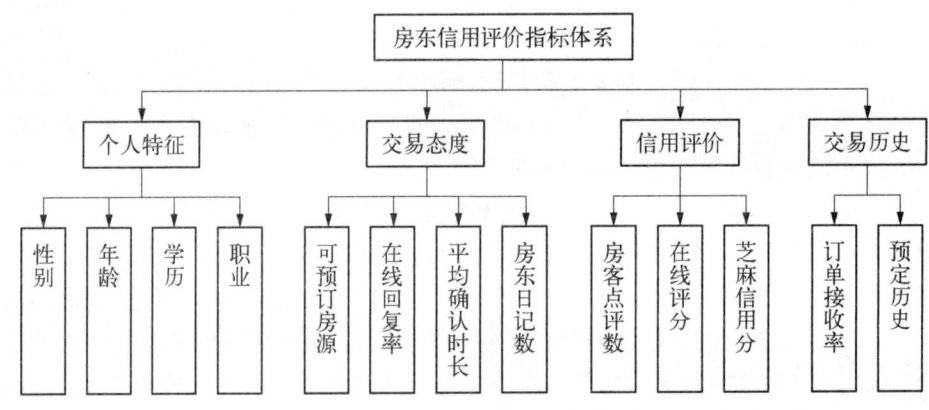

图2-1 房东信用评价指标体系

以上指标信息均可在房东个人主页以及房源展示页面上采集。通过软件编程和数据爬取,本文收集了超过200M、总记录超过1万家的房东信息及交易评论数据。

通过对变量的描述性统计分析,发现以下特征。

(1) 在线评分趋同,无法反映房东信用。在线评分作为一种基本的交易信用反馈机制,在电子商务发展初期,对消费者决策起到了一定的参考作用,但随着"刷信用""恶意屏蔽"等欺诈现象的出现,在线评分变得越来越不重要。通过描述性统计分析发现:交易评分的最大值为5,最小值为4.1,评分均值为4.89,标准差为0.05,其中5分比率为55.7%,5分以下比率为44.3%。这说明在线评分的差异太小,无法反映房东的信用差别。导致评分差异小的原因在于房客的习惯性好评或不评习惯,以及刷信用等信用欺诈的存在。这与C2C、B2C等电商平台的情况类似,因此像天猫网站等更多地采用了退款率、退款速度、纠纷比率等负面评价来描述卖家的信用。

(2) 房东的交易信用与其个人特征有一定的关联。在样本数据中,女性房东占比60.5%,"80后"和"90后"房东占比66.7%,学历在本科以上的房东占比72.8%;51%的女性房东拥有5分好评,而仅有37.5%的男性房东获得5分好评;"90后"房东的5分好评率为50%,"80后"的5分好评率为34.2%,"70后"和"60后"的5分好评率均在60%左右;学历在本科以上的房东5分好评率为50.8%,学历为大专及以下的房东5分好评率仅为31.8%。由此可以看出,房东的交易信用与其性别、年龄和学历有一定的关系:女性房东在共享交易中的信用比男性房东高,因为女性房东亲切感更强,攻击性和危害性相对男性更小;房东的年龄越大,交易信用越高,因为年长的房东经验丰富、责任感强,可信度更高;房东的学历也与交易信用正相关,因为教育经历在一定程度上反映了房东的个人素质和能力,未受过高等教育的房东在交易中失信的可能性高于学历高的房东。

(3) 房东的交易态度、交易历史和其信用评价之间具有较强的相关性。对在线回复率、平均确认时长、订单接收率、房东日记数、可预订房源、房客点评数、预订历史、芝麻信用分这八个变量进行相关性分析,得到的相关系数如表2-1所示。由此可以得出:第一,房东的芝麻信用分与订单接收率存在正相关关系,即芝麻信用分越高的房东在一定程度上接收订单的数量越多,但芝麻信用分与在线评分并不存在显著的相关性;第二,在线回复率与平均确认时长显著负相关,说明在线回复率高的房东确认订单所用的时间也较短;第三,房客点评数与可预订房源、预订历史显著正相关,说明房东拥有的可预订房源越多,与其交易的房客越多,从而预订历史和点评数量越多。图2-2可更直观地反映变量之间的或正或负、或直接或间接的关系。

表2-1 变量的相关系数表

	芝麻信用分	在线回复率	平均确认时长	订单接收率	房东日记数	可预订房源	房客点评数	预订历史	在线评分
芝麻信用分	1								
在线回复率	−0.333	1							
平均确认时长	0.872**	−0.729**	1						
订单接收率	−0.243*	0.161	−0.192	1					
房东日记数	0.085	−0.015	0.029	0.214	1				
可预订房源	0.005	−0.064	−0.097	0.116	−0.032	1			
房客点评数	−0.071	0.125	−0.094	0.073	−0.027	0.749**	1		
预订历史	−0.065	0.084	−0.055	−0.055	−0.062	0.654*	0.65*	1	
在线评分	0.27	0.076	−0.046	−0.006	−0.064	−0.012	−0.01	−0.159	1

注:*和**分别表示相关系数在0.05和0.01的显著性水平下显著(双尾)。

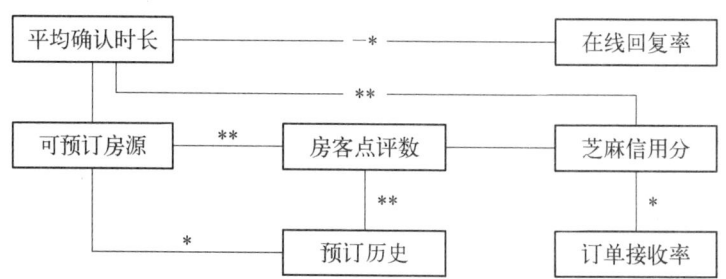

注:*和**分别表示相关系数在0.05和0.01的显著性水平下显著(双尾)。

图2-2 相关性变量关系图

2. 综合信用评价模型设计

根据以上的描述统计分析可知,房东的信用评价指标之间存在一定的相关性,因此需要运用因子分析方法对信用评价指标体系进行简化。通过因子分析适合度检验得出样本数据的 KMO 值为 0.75,比较适合做因子分析;巴特利特球形度检验的 p 值也小于 0.05,说明变量之间存在显著的相关性。通过提取相关系数矩阵大于 1 的特征值,共得到四个主因子,各个因子包含的变量及其方差贡献如表 2-2 所示,累积方差贡献为 79.8%,因子分析效果较好。

表 2-2 信用评价指标体系的因子分析结果

	因子 1	因子 2	因子 3	因子 4	累积方差贡献
在线回复率	0.856				
平均确认时长	0.799				
订单接收率	0.902				54.5%
可预订房源	0.622				
预订历史	0.789				
房东日记数	0.473				
房客点评数		0.806			11.2%
在线评分		0.742			
芝麻信用分			0.955		8.2%
性别				0.545	
年龄				0.378	5.9%
职业				0.674	
学历				0.887	

因子 1 包含的变量有:在线回复率、平均确认时长、订单接收率、可预订房源、预订历史、房东日记数,这些变量综合反映了房东的服务能力,因此称之为服务能力因子,这是评价房东信用的最重要的因素。因子 2 包含了房客点评数和在线评分,这反映了房东在交易中的信用,因此称之为交易诚信因子。因子 3 仅包含芝麻信用分这一变量,芝麻信用是第三方征信企业对个体信用的综合评分,因此这一维度称之为外部评价因子。性别、年龄、职业、学历都属于因子 4,因子 4 被称为房东内在特质因子。

综上可知,房东的信用评价指标体系可以简化为四个独立的维度:服务能力、交易诚信、外部评价和内在特质。这四个独立的维度对房东信用的解释贡献分别为 54.5%、11.2%、8.2%、5.9%。这四个独立的因子是否都是影响房客对房东信用感知的关键因素,还需要进行实证检验。可运用结构方程模型来分析四个因子和房客信用感知之间的因果关系。对于房客的信用感知可用"预订历史"和"在线评分"来度量。因为在体验共享资源前,"预订历史"和"在线评分"能影响消费者的选择和信任;在体验共享资源后,消费者的选择又能影响"预订历史"和"在线评分",也就是"预订历史"和"在线评分"既是信用评价的影响因素,又是信用评价的结果。以房客信用感知为内因潜变量,以服务能力、交易诚信、外部评价和内在特质为外因潜变量,以13个变量作为外显指标构建结构方程模型。运用SPSS17.0软件进行模型的估计和检验,结果如图2-3和表2-3所示。该模型的拟合程度为0.738,均方根误差为0.049,χ^2值与自由度的比为0.297,模型拟合效果较好。

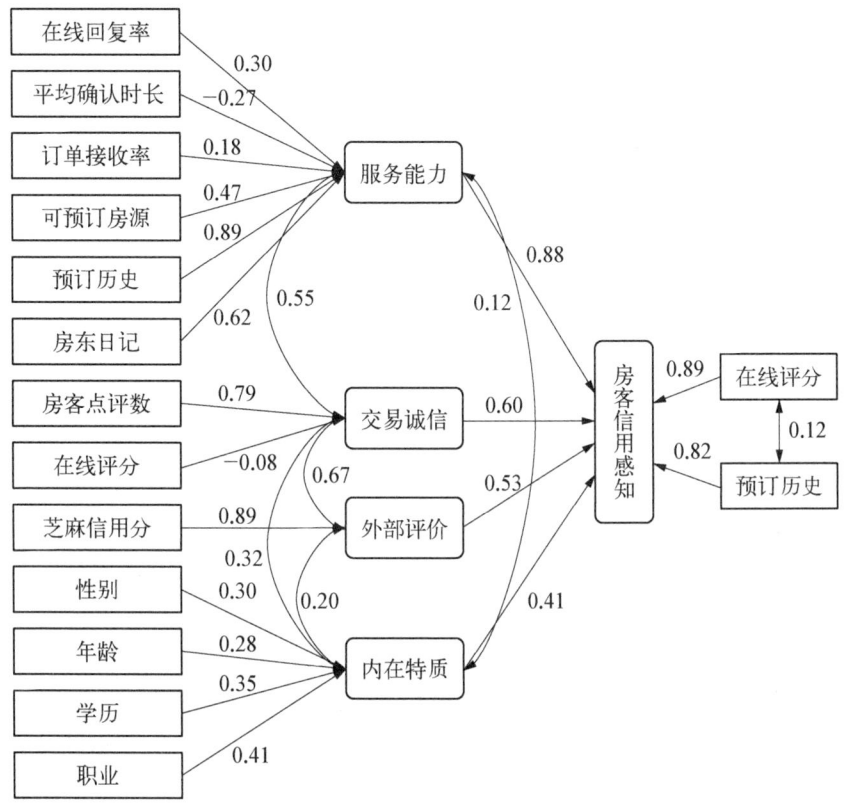

图 2-3　房客信用感知的结构方程模型图

表 2-3　结构方程模型分析结果

影响路径	影响系数	T统计量	是否通过显著性检验	结论
房东服务能力—房客信用感知	0.88**	10.78	√	房东的服务能力对房客的信用感知有显著性的影响
房东交易诚信—房客信用感知	0.60*	5.33	√	房东的交易诚信对房客的信用感知有显著性的影响
房东外部评价—房客信用感知	0.53*	3.67	√	房东的外部评价对房客的信用感知有显著性的影响
房东内在特质—房客信用感知	0.31	1.87	×	房东的内在特质对房客的信用感知没有显著性的影响

注:*和**分别表示影响系数在0.05和0.01的显著性水平下显著(双尾)。

由图2-3和表2-3可以得出:服务能力、交易诚信、外部评价对房客的信用感知的影响系数分别为0.88、0.60、0.53,影响均显著,其中房东的服务能力(尤其是房东日记和预订历史)对信用感知的影响最大。而房东的内在特质对信用感知没有显著性影响。另外,在线评分与交易诚信负相关,可能是在线评分趋同导致消费者不关注此指标。

通过因子分析和结构方程模型可得出如表2-4的房屋短租平台综合信用评价模型。

表2-4 房屋短租综合评价模型指标

信用评价指标	影响系数	因子	权重	综合信用评分
在线回复率	0.30	服务能力因子	0.74	
平均确认时长	-0.27			
订单接收率	0.18			$F_{综合}=0.74^*$ 服务能力因子 $+0.15^*$ 交易诚信因子$+0.11^*$ 外部评价因子
可预订房源	0.47			
预订历史	0.89			
房东日记数	0.62			
房客点评数	0.79	交易诚信因子	0.15	
在线评分	-0.08			
芝麻信用分	0.89	外部评价因子	0.11	

注:*和**分别表示影响系数在0.05和0.01的显著性水平下显著(双尾)。

目前房屋短租平台上的信用展示较为分散,评价指标得分过于趋同,信用评分容易受"刷信用""恶意屏蔽"等信用欺诈行为的影响。而本研究所设计的房屋短租综合信用评价模型,综合考虑了房东的服务能力、交易诚信和外部评价等多种因素,全面系统地量化了房东的信用,更重要的是能够体现房东之间的信用差异,减弱了信用欺诈所带来的信用评价扭曲。由于对房东的信用度量更为准确,因而声誉机制更能有效地发挥作用。本研究以房屋短租为例提出的共享经济信用评价模型构建的方法,也可以运用于共享经济的其他C2C模式。

2.1.3 共享交易信任预测模型构建

虽然信用评价机制能够为共享经济交易的双方提供决策参考,但并不能有效抵御伪造好评、恶意差评、虚假交易等影响交易信任的问题。共享交易信任预测模型通过识别和抵御信用欺诈,对交易者的局部声誉和全局声誉进行综合与修正,计算信任度预测值并实现动态更新,促使交易双方根据信任度预测结果选择匹配对象,大大提高了交易的满意度和忠诚度,有效提升了声誉机制的作用。共享交易信任预测模型不仅能促进线下供给者客观准确地描述物品与服务,使需求者对所共享的物品与服务给出准确评价,而且能为平台监督双方的交易过程并对不诚信的交易行为进行惩罚提供基础。

已有的信任预测模型主要针对C2C、P2P、O2O等电子商务生态环境进行商家可信度预测,帮助消费者选择可信度较大的商家,尽可能提高消费者的体验满意度。Kim[34]根据C2C电子商务交易的相关影响因素提出了一种信任评估方法。Park等[35]将时间衰减函数引入基于交易特征与反馈评价信息的信任评估模型中,提出了一种基于评价反馈的信任度计算方法,能够有效抑制恶意节点对信任度计算的影响。孟宪福等[36]针对P2P网络构建了一种基于重复博弈理论和惩戒机制的网络信誉评估模型,以促进网络节点之间的协作。王保玉等[37]提出了一种基于无限重复博弈理论的信任模型,采用惩罚策略遏制恶意节点行为,通过奖惩机制促进节点之间的诚信交易。蔡志文等[38]针对电子商务交易各方利益不平衡的问题,设计了一种面向价值的 O2O 电子商务信任预测模型。

然而共享经济模式与 C2C、P2P、O2O 等电子商务模式存在本质的区别,已有的信任度评估方法尤其在信任评估过程中所考虑的影响因素并不适合共享经济模式。目前针对共享经济交易环境的信任模型研究还很少,无法充分发挥信任评估模型对共享经济交易安全和诚信的维护作用。为此本研究将以房屋短租模式为例,研究共享经济模式的信任预测模型,以提高共享经济交易的诚信。

1. 电子商务中的信任模型

应用于现有电子商务网站的信任模型主要有两种:累加信任模型和均值信任模型。Dinh 等[39]指出信任模型应主要解决以下核心问题:第一,哪些因素适合用来衡量用户信任度;第二,如何综合考虑这些因素构建信任模型;第三,信任模型能否有效抵抗各种恶意行为的攻击。下面从信任评估因素、信任评估方法以及信任评估安全性三方面来分析这两种信任模型。

累加信任模型是将用户的所有信用评分进行累加,将累加所得的和作为用户最终的信任值。累加信任模型中的信任值有两种评估方法:一种是将前一次用户信任值加上用户本次交易的反馈评分;另一种是将初始信任值加上每次用户交易所得的反馈评分。累加信任模型虽然简便易用,但其不足之处也显而易见。第一,累加信任模型包括的影响信任的因素太少,只考虑了交易评价,没有考虑其他影响信任的重要因素,如交易次数、交易时间、交易金额等。第二,用户反馈评分只有好评、中评、差评三种,实际上用户在反馈信息过程中,除少数极差体验外,绝大部分都会好评,偶尔会有中评,在极个别情况下才会出现差评,评分的可信度并不高。第三,累加信任模型很难抵抗信誉诋毁或信誉炒作的攻击,安全性非常低。

均值信任模型是对用户过去一段时间获得的所有反馈评分进行平均,得到其当前时点的信任度。应用均值信任模型的电子商务网站典型代表是亚马逊。共享经济领域中,小猪短租等房屋短租平台目前也采用这一信任模型。均值信任模型存在的问题与累加模型相似,涵盖的影响信任的因素较少,虽然评分的取值范围扩大到 0~5 分,但仍然存在用户习惯于满分好评而难以区分用户信用、信任模型的安全性较差等问题。

针对目前累加信任模型和均值信任模型存在的问题,蔡志文、林建宗[38]将 Peertrust 信任模型引入对电子商务交易信任的评估中。Peertrust 信任模型采用置信因子将直接信任度和推荐信任度综合起来,其核心思想为:当用户 a 要与用户 b 交易时,首先了解用户 b 在与其历史交易中的直接信任度,然后通过与用户 b 发生过交易的用户 j 得到用户 b 的推荐信任度,最后综合考虑直接信任度和推荐信任度计算出用户 b 的综合信任度。综合信任度表达式为:

$$R_b = \alpha \frac{\sum_{i=1}^{I_{(b)}} G(b,i) \times C(b,i) \times T(b,i)}{I_{(b)}} + \beta \times F(b)$$

式中,R_b 表示用户 b 对于用户 a 的综合信任度,$I_{(b)}$ 表示用户 a 与用户 b 交易的总次数,$G(b,i)$ 表示用户 a 对与用户 b 第 i 次交易时的评价,$C(b,i)$ 表示第 i 次交易的金额,$T(b,i)$ 表示第 i 次交易的时间因素,$F(b)$ 表示用户 b 对于用户 a 的推荐信任度。

与累加信任模型和均值信任模型相比,Peertrust 信任模型具有以下优点:第一,考虑了交易次数、交易时间、交易金额等多种影响信任的因素,通过考虑这些因素,可以预防欺诈用户通过多次小额诚信交易进行信用积累的问题;第二,综合考虑了直接信任度和推荐信任度,更加全面地反映了交易用户之间的信任情况;第三,能够抵抗恶意用户的攻击,该信任模型可以对与实际交易情况不相符的交易评价进行识别。

2. 短租模式交易信任预测模型构建

本研究将在 Peertrust 信任模型的基础上,结合房屋短租模式的特征来研究信任预测模型的构建。

(1) 信任度定义

定义 1 综合信任度(T):租客 C 与房东 L 完成交易之后,根据自身的体验以及其他租客对房东 L 的评价形成的对房东 L 的综合信任。它反映了租客 C 对房东 L 服务的主观感受,也是租客 C 未来再与房东 L 发生交易的决策标准。

定义 2 初始信任度 T^{t_0}:房东最初在短租平台上发布房源信息,尚未产生交易时,模型分配给房东的初始信任值,信任度在房东成功完成一次交易后自初始值开始更新。

定义 3 直接信任度 DT_d:租客 C 根据与房东 L 之间的历史交易评价、交易金额、交易时间等因素计算得出的对房东 L 的信任度。

定义 4 推荐信任度 RT_d:租客 C 根据其他与房东 L 有直接交易的所有推荐者 R 的交易评价计算得出的对房东 L 的信任度。

定义 5 能力信任度 PT_d:租客 C 根据房东的个人特征、服务能力以及第三方信用评价等计算得到的对房东 L 的信任度。

(2) 直接信任度的影响因素及其计算

租客 C 对房东 L 的直接信任来自于租客和房东的直接交易产生的历史经验。由于信任度随着时间的推移不断积累,即信任是一个动态的、累加的过程。因此,在直接信任度的计算中考虑以下四个因素。

租客交易评分。假设 R_d^i 是租客 C 与房东 L 在第 i 次交易后根据体验到的服务质量给出的交易反馈评分。累加信任模型通常将交易评分设定为"好评""中评""差评"三类,并分别用 1、0、-1 表示。为了细化交易评价信任度,将信任度划分为五个评价等级,其中"非常不满意"为 -1,"不满意"为 -0.5,"一般"为 0,"满意"为 0.5,"非常满意"为 1。

交易金额。交易金额越大,房东发生道德风险的可能性越大,因而租客的评价越重要,对房东信任度形成的贡献也越大,因此交易金额可以作为衡量直接信任度的一个因素。更重要的是,在直接信任度计算中引入交易金额可以抵御信用欺诈,即房东前期通过大量小金额交易快速积累自己的信任值,而后通过在大金额交易中违约获利。假设租客 C 与房东 L 第 i 次交易的交易金额因子为 M_d^i,且 $M_d^i = \ln m_d^i$,m_d^i 表示租客 C 与房东 L 的第 i 次交易金额。

交易时间。信任度的形成是一个随着时间动态变化的累积过程,租客和房东通过多次交易的历史经验不断更新信任度。通常情况下,时间越近,租客的评价越能反映房东的近期行为,对当前交易的参考价值越大,因而对房东直接信任度的影响也就越大。因此,交易时间也是影响直接信任度的一个因素。假设租客 C 与房东 L 第 i 次交易的时间影响因子 S_d^i 为:

$$S_d^i = \frac{1}{t - t_i}$$

其中t_i表示租客C与房东L第i次交易的时间。

交易次数。一般来说,交易次数越多,租客和房东之间越熟悉,信任度越高,因此交易次数也是影响直接信任度的一个因素。假设租客C与房东L第i次交易的交易次数因子γ_{cl}^i为:

$$\gamma_{cl}^i = \frac{n-i+1}{n}$$

综上,房东L对于租客C的直接信任度DT_{cl}的计算公式为:

$$DT_{cl} = \sum_{i=1}^n \gamma_{cl}^i * S_{cl}^i * M_{cl}^i * R_{cl}^i$$

(3) 推荐信任度的影响因素及其计算

房东L的推荐信任度即是所有与房东L发生过历史交易的租客对其评价的综合,推荐信任度主要受以下三个因素的影响。

推荐者M与房东L的直接信任度。推荐者与房东的直接信任度越大,房东的推荐信任度越大,房东越值得信任。推荐者M与房东L的直接信任度的计算同上述租客C与房东L的直接信任度计算。

推荐者M自身的可信度。本模型采用"评分偏差"即推荐者M的评分与所有推荐者平均评分的差异来衡量其推荐可信度,与平均评分的差异越大,推荐可信度越低。用C_{Tm}表示推荐者M的推荐可信度,表达式为:

$$C_{Tm} = \sum_{i=1}^n S_{ml}^i \times (1 - |R_{ml}^i - \bar{R}_m|)$$

其中,S_{ml}^i为时间衰减因子,R_{ml}^i为推荐者M给房东L的第i次评分,$\bar{R}_m$为与房东L交易过的所有租客对房东L评分的均值。

推荐者M的数量。与房东L交易过的租客数量越多,评价越准确,综合给出的房东L的推荐信任度越准确。用N表示推荐者的数量,则推荐可信度可以修正为:

$$C_{Tm} = \frac{1}{N} \sum_{i=1}^N S_{ml}^i \times (1 - |R_{ml}^i - \bar{R}_m|)$$

综上,房东L对于租客C的推荐信任度RT_{cl}的计算过程如下:首先根据推荐租客M给予房东L的交易评价,即房东L相对于推荐租客M的直接信任度,计算出房东L相对于所有推荐租客M的推荐信任度期望值RT';然后根据推荐租客的数量N对推荐信任度期望值进行修正。推荐租客M的数量越多,推荐信任度的计算就越精确。如果推荐租客的数量较少,那么应该适当降低推荐信任度的期望值,计算公式为:

$$RT' = \frac{\sum_{m=1}^N (C_{Tm} \times DT_{ml})}{\sum_{m=1}^N C_{Tm}}$$

$$RT_{cl} = \lambda(N) \times RT', \quad \lambda(N) = e^{-\frac{1}{N}}$$

(4) 能力信任度的影响因素及其计算

影响房东能力信任度的因素包括:

第一，服务能力。服务能力是指房东是否有意愿并且有能力提供良好的服务，如果房东有丰富的交易历史并表现出积极的互动，那么可以认为他有能力提供较好的房源和服务，发生违规行为的可能性较低。根据前文的分析可知，房东的服务能力可以用可预订房源、在线回复率、平均确认时长、订单接收率、房东日记数等变量来描述。在线短租平台上，租客在预订前可以通过在线聊天软件与房东进行沟通，越能够积极地回复租客问题的房东，交易可信度越高；另外，房东的被评论数和历史订单量越大，越值得信任；房东在短租平台上还可以开通个人主页，以房东日记的形式展示其历史交易情况，房东日记数越多，表明房东越愿意展示自己的真实交易信息来表现他的诚信。

第二，第三方评价。共享经济模式较早地引入了第三方征信作为其信用基础，例如哈啰单车规定芝麻信用在 650 分以上的用户可以免押金，小猪短租也联手芝麻信用在行业内率先引入了个人征信。第三方信用评价也可以在一定程度上反映房东的服务能力和诚信水平。

房东 L 对于租客 C 的能力信任度 PT_{cl} 的计算公式为：

$$PT_{cl} = \sum_{i=1}^{7} w_i \times Y_i$$

其中，Y_i 为影响能力信任度的因素即可预订房源、在线回复率、平均确认时长、订单接收率、房东日记数、预订历史、芝麻信用分；w_i 为各因素的权重。

3. 房东的信任预测模型

租客 C 对房东 L 的信任度 T 是决定能否成功交易的关键。根据 Peertrust 信任模型的思想，赋予直接信任度、推荐信任度和能力信任度不同的权重，然后将三者根据各自的权重综合得出房东的总信任度 T_{cl}。用公式表示为：

$$T_{cl} = \alpha DT_{cl} + \beta RT_{cl} + \gamma PT_{cl}$$

其中，T_{cl}、DT_{cl}、RT_{cl}、PT_{cl} 分别为房东 L 的综合信任度、直接信任度、推荐信任度和能力信任度。α 为直接信任度的置信因子，β 为推荐信任度的置信因子，γ 为能力信任度的置信因子，满足 $\alpha + \beta + \gamma = 1$。

本研究在 Peertrust 信任模型基础上提出如下的共享经济信任模型计算公式：

$$\begin{cases} T_{cl} = \alpha DT_{cl} + \beta RT_{cl} + \gamma PT_{cl}, & N_{cl} \neq 0 \\ 0.5, & N_{cl} = 0 \end{cases}$$

其中，α 代表租客 C 对房东 L 直接信任度的置信因子。如果租客 C 与房东 L 的交易金额越高，交易次数越多，那么他们之间交易得到的直接信任度越可信，为此定义 α 为：

$$\alpha = \frac{1}{1 + e^{-(N_{cl} \times M_{cl})}}$$

N_{cl}、M_{cl} 分别表示租客 C 与房东 L 在本次交易前进行过的交易次数及相应的交易金额。

β 代表租客 C 对房东 L 推荐信任度的置信因子。由于房东 L 的推荐信任度是综合所有推荐租客 M 对其的交易评价而得到的，所以租客 C 对推荐租客 M 评价的信任度以及推荐租客 M 与房东 L 的交易金额直接影响租客 C 对房东 L 的推荐信任度。设对房东 L 给出推荐评价的租客为 $M_k (1 \leqslant k \leqslant n)$，租客 C 对于租客 M_k 评价的信任度为 C_{Tm}^k，租客 M_k 与房东 L 的

交易金额为 H_{lm}^{k}，则置信因子 β 定义为：

$$\beta = \begin{cases} 0, & m=1 \text{ 且 } M_1 = i \\ \sum_{k=1}^{n} \omega_k \times C_{Tm}^{k}, & \text{其他情况} \end{cases}$$

其中 $\omega_k = H_{lm}^{k} / \sum_{k=1}^{n} H_{lm}^{k}$。

γ 代表租客 C 对房东 L 能力信任度的置信因子。γ 可以通过前文对综合信用评价模型的分析得到的因子权重来确定。

4. 租客的信任预测模型

区别于传统的电子商务模式，共享经济中由于资源所有权与使用权相分离，使得拥有资源所有权的房东在交易中承担了大部分风险。因此有必要对租客的信任度进行衡量，使房东可以通过租客的信任度做出交易决策，减少交易中因租客违约发生房屋财产损失。房东在短租平台上属于活跃用户，大量的交易会获得大量评价，因此其他与之发生过交易的租客做出的推荐评价在信任度的计算中尤为重要。而通常来说租客在短租平台上的交易次数相对较少，房东反馈评价不足，难以准确计算租客的推荐信任度。因此在租客信任度模型中，仅考虑租客与房东直接交易形成的直接信任度和第三方征信机构提供的个人信用。

(1) 直接信任度及其计算

租客的直接信任度来自租客和房东的直接交易产生的历史经验。与房东的直接信任度计算方式类似，在计算中考虑交易评价、交易金额、交易时间、交易次数四个因素。租客 C 对于房东 L 的直接信任度 DT_{lc} 计算公式为：

$$DT_{lc} = \sum_{i=1}^{n} \gamma_{lc}^{i} \times S_{lc}^{i} \times M_{lc}^{i} \times R_{lc}^{i}$$

其中，γ_{lc}^{i} 为交易次数因子；S_{lc}^{i} 为时间衰减因子；M_{lc}^{i} 为交易金额因子；R_{lc}^{i} 为第 i 次交易中房东 L 对租客 C 的反馈评分；n 表示租客 C 与房东 L 进行直接交易的次数。

(2) 第三方信用评价

租客的个人信任度来自第三方征信提供的信用分数，目前小猪短租已引入芝麻信用作为交易方信用衡量的依据，芝麻信用分在 600 分以上的租客可以免押金入住，这表明芝麻信用可以作为衡量租客个人信任度的因素。设 Z_c 为租客的芝麻信用分数。

(3) 综合信任度计算模型

租客的综合信任度 T_{cl} 计算公式为：

$$T_{cl} = \alpha DT_{lc} + \tau \times Z_c$$

其中 α 和 τ 分别为直接信任度和第三方信用评价的置信因子。

直接信任度置信因子 α 的计算公式为：

$$\alpha = \frac{1}{1 + e^{-(N_{cl} \times M_{cl})}}$$

表明交易金额越大，交易次数越多，直接信任度的可信度越高。第三方信用评价的置信因子 τ 的计算公式为：$\tau = e^{-\frac{1}{Z_c}}$，即随着租客的芝麻信用分 Z_c 的增加，τ 不断增加，并趋近于1。

5. 模拟仿真实验与分析

为了验证本研究提出的共享经济信任模型的有效性和准确性，利用复杂系统仿真平台模拟真实的共享经济交易环境。假设房东有 50 个，房客 200 个，所有交易主体的初始直接信任值均为 0.5，交易金额为 100~1 000 元。默认评价或未作评价的情况均作为"满意"处理。Python 编程实现本研究的信任模型，利用系统模拟 30 天内房东和租客的信任度的变化情况，每次模拟保证每个租客至少与一个房东进行 3 次交易。

(1) 有效性分析。已有研究信任模型的文献是将"失败交易率"作为信任模型有效性度量的指标，失败交易率越低说明信任模型的有效性越高，失败交易包括不成功的交易、不满意的交易和非常不满意的交易。以下分析通过与经典的 Peertrust 模型进行比较，来说明本信任模型的有效性，模拟结果如图 2-4 所示。

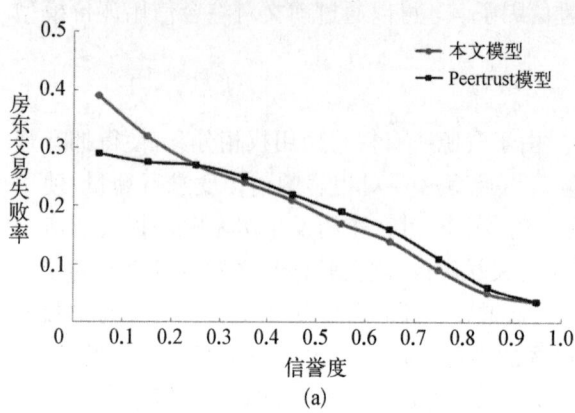

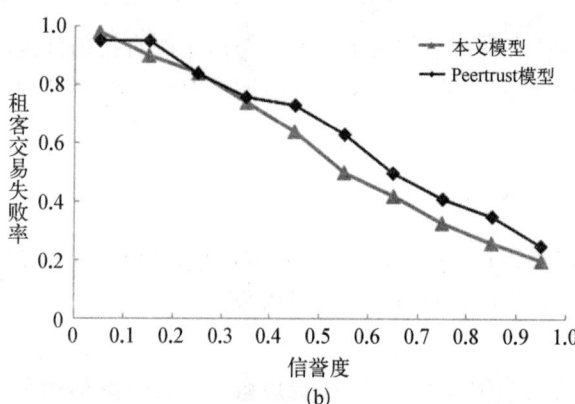

图 2-4 房东和租客信任预测模型的交易失败率比较

由图 2-4(a)和(b)可知，本研究提出的信任预测模型，无论是房东的还是租客的，其交易失败率都比传统的 Peertrust 模型低，说明本研究的信任预测模型更有效。另外，对于相同的信任度，租客的交易失败率要比房东的高很多，这主要是因为房屋短租市场仍然是卖方市场（模拟分析中租客是房东数量的 4 倍），房东总是能够在发起交易的租客中选择信任度最大的进行交易，可以有效地提高交易的成功率及满意度。

(2) 准确性分析。信任模型的准确性是指预防欺诈的能力和抵抗恶意用户诋毁的能力。为此，将房东和租客分别分为"诚信"和"欺诈"两类来研究。类似于蔡志文[38]的定义，将欺诈房东定义为：若某房东对若干个租客的交易评价分均低于其他租客对该房东的评价分均值，则将该房东定义为欺诈房东，否则定义为诚信房东。欺诈租客和诚信租客类似定义。欺诈主体和诚信主体是可以随着自身行为和交易评价的变化而动态转换的，如果诚信主体依靠自身信誉进行恶意差评后立即转换为欺诈主体，欺诈主体通过对交易对象进行真实的评价也可转换为诚信主体。另外，欺诈主体也有可能通过一段时间的交易和信用累积，伪装成诚信主体后再进行欺诈，为了验证本研究的信任模型对于这类"刷信用"欺诈主体的预防能力，特将这种欺诈主体定义为"伪诚信"主体。

假设诚信主体、伪诚信主体和欺诈主体在服务能力、第三方评价、交易次数、交易金额、交易时间方面均相同，仅交易评价不同，则各类主体的信任度随交易次数的变化情况如图 2-5 所示。可以得出如下结论：① 对于诚信房东和租客来说，信任度随交易次数的增加一直上升,最后会达到稳定,诚信租客能达到的稳定信任度要比诚信房东高,这是因为相比于房东,租客的竞争更加激烈,为了获得交易,需要不断提高自身信任度;② 对于伪诚信房东来说,前期信任度随交易次数的增加而增加,而一旦发生欺诈行为,其信任度会急剧下降,这是因为时间衰减因子使得房东信任度与最近的行为更加相关;③ 欺诈房东的信任度一直不高,但随着诚信交易评价的增加也会逐渐上升。

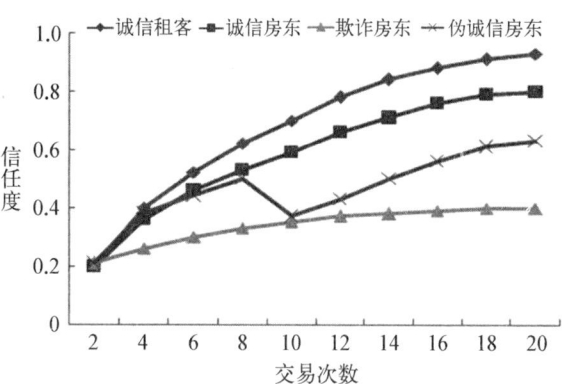

图 2-5　各类主体的信用度的变化曲线

另外,假设一个租客恶意诋毁一个诚信的房东,根据本信任预测模型的仿真结果,房东的信任度不但不下降,反而会随着交易次数不断上升,而租客的信任度却持续下降,如图 2-6 所示。由此可见,本研究所提出的信任预测模型具有较好的抵抗租客恶意诋毁的能力。

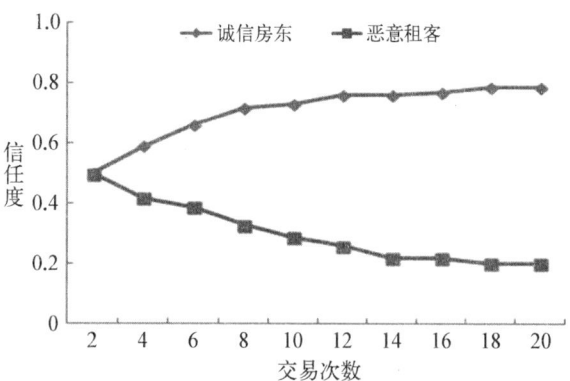

图 2-6　模型所具有的抵抗恶意诋毁的能力图

6. 研究结论及建议

虽然现有的共享经济平台的信用评价机制能够为共享经济主体的决策提供一定的参考,但并不能有效抵御刷信用、恶意差评、虚假交易等影响电子商务诚信的问题。本研究所构建的房屋短租模式信任预测模型,综合考虑了房东的服务能力、交易评价、第三方信用评价、交易时间、交易金额、交易次数等多种影响因素,利用置信因子以及本研究所得出的综合信用评价权重,对能力信任度、直接信任度、推荐信任度进行整合,预测房东和租客的信任度。模拟实验表明,该信任模型能够有效计算房东和租客的动态信任度,并对不诚信交易行为具有较强的抵御能力,可实时更新各交易主体的信任度。

在房屋短租平台中应用该信任预测模型,不仅能够促进房东客观准确地描述房屋的特征,为租客提供优良的线下服务,也能够为租客选择满意的房东提供参考,并促使其对住房体验给出准确的评价。另外,也有利于短租平台对房东和租客交易过程的监督,使其能对不诚信的交易行为进行惩罚。总而言之,信任预测模型通过对各主体的行为进行决策指导,使得各主体的利益相互协调,共同促进了共享经济环境中诚信秩序的建立与发展。

2.2　集体声誉机制

2.2.1　集体声誉机制的作用机制

个体声誉机制作为一种自发的私人秩序,易受外部环境的影响,集体声誉机制能起到补充作用[40]。

1. 传统电子商务中的集体声誉机制

集体声誉作为一种抵押,可以向买家承诺其成员不会有欺骗行为,成员的欺骗行为将损害整个集体的声誉,因而买家可以对整个集体实施惩罚[41]。通过集体声誉,可以向买家发出一个明确的承诺,"其成员提供的商品都是高质量的",如果某一成员提供了低质量的商品,集体将对其实施严厉处罚[42]。通过集体声誉的作用,约束了成员的行为,补充了个人声誉的不足。集体声誉的表现形式之一就是商盟制度。商盟制度是淘宝网在2003年所做的一项制度创新,它是淘宝网上卖家自发组织形成的一种提供可置信承诺解决交易诚信等问题的制度安排。商盟通过一定的规章制度将所有卖家成员的利益联系在一起。买家与商盟成员进行交易,就相当于与整个商盟组织进行交易,如果商盟成员有欺骗行为,会导致整个商盟的集体声誉受损,买家可以对整个商盟实施惩罚。因此商盟以其形成的集体声誉作为抵押向买家承诺商盟成员不会有欺骗行为,在网络交易中,商盟的寿命要长于单个的卖家,商盟要比单个卖家更重视长期声誉。

商盟的集体声誉要发挥作用必须满足以下条件:商盟要具有足够的吸引力来激励商盟成员自愿参与,并自觉遵守商盟的规章制度和接受商盟实施的处罚;商盟在争议纠纷裁决方面要比电商或其他第三方中介更具有信息优势和执行力;商盟对违规成员进行的处罚要是可实施的[42]。

首先,卖家从商盟的规模经济、信誉溢价、商业机会中获得的长期收益要大于不遵守商盟制度时可以得到的短期收益,只有这样,商盟成员才会自觉遵守商盟制定的规章制度以及商盟实施的处罚,也即商盟向买家发出的承诺才有可能是可置信的。卖家获得规模经济带来的好处越多,商盟的凝聚力越强,买家对加入商盟的卖家就越信赖,商盟就越能起到弥补信用评价缺陷、补充个人声誉机制的作用。

其次,商盟在处理网上交易争议方面要比电商或其他第三方中介更具优势。商盟作为卖家自发成立的非正式组织,相对淘宝网和其他第三方执行中介,具有更专业的知识和充分的信息,能以更低的成本解决争议。因此,出于节约成本的考虑,淘宝网大力鼓励商盟介入纠纷的处理中。淘宝网上商盟的运作已进入良性循环,如果买家与商盟卖家之间发生了交易纠纷,而且买家向商盟投诉,商盟管理层会马上对纠纷进行处理。

第三,商盟对违规成员进行的处罚要是可实施的。淘宝网成立商盟制度的一个重要目的是要通过卖家的自我管理、互相监督来打击欺诈行为。为了避免商盟的集体声誉受到损害,减少无辜的卖家被惩罚,商盟不仅在商盟成员入盟前进行严格筛选,还制定详细的规章制度和组织结构,对成员的入盟要求、权利和义务都有详细的规定。当欺骗行为发生后,商盟会对违规成员采取驱逐出商盟等形式的内部制裁措施。因此,对于其成员与买家之间发生的争议,商盟相比其他第三方中介拥有更多的信息,能以更低的成本进行裁决,而且其裁决的方式更具执行力。

综上可知,商盟可以通过卖家的自我管理、互相监督来打击欺诈行为,从而起到补充卖家个人声誉不足、减少网站管理成本的作用。本研究将通过建立商盟与买家之间的博弈模型来说明,商盟是如何以其集体声誉作抵押向买家发出可置信承诺以解决网络交易诚信问题的,以及在什么条件下发出的承诺是可置信的。

2. 集体声誉机制的作用机制

(1) 非联盟情况下的博弈模型及均衡分析

假设共享经济平台上有 n 个独立的供给者和大量的需求者,供给者有完全的商品定价权,为了研究简便,假设需求者是对称的,每个需求者至多购买一单位商品,下文仅对一个代表性需求者进行分析。由于共享交易存在信息不对称,需求者和供给者之间的交易行为类似于一个单边囚徒困境博弈:供给者决定商品的质量,并为商品设定一个价格 p,需求者决定是否购买。假设商品只有两种质量:高质量 h 和低质量 $l(h>l>0)$,一单位高质量或低质量商品能给需求者带来的期望效用为 v_h 或 $v_l(v_h>v_l>0)$,供给者提供高质量或低质量商品的成本为 c_h 或 $c_l(c_h>c_l>0)$,那么双方博弈的收益情况如表 2-5 所示。

表 2-5 "囚徒困境"博弈收益情况表

需求者策略	供给者策略	
	低质量	高质量
不买	(0,0)	(0,0)
买	$(u_l-p, p-c_l)$	$(u_h-p, p-c_h)$

不失一般性的,假设 $u_h-c_h>0>u_l-c_l$,由表 2-5 可知,对于博弈双方来说,策略"高质量,买"比策略"低质量,不买"更有效,而策略"低质量,不买"又比策略"低质量,买"有效。由于存在信息不对称,供给者的商品质量不能在事前观察到,并且 $c_h>c_l$,因此供给者选择"低质量"策略总是占优于"高质量"策略。预期到这一点,对需求者来说"不买"总是优于"买",因此对于任何的价格 $p>u_l$,唯一的 Nash 均衡结果为"低质量,不买",双方的收益均为零。而实际上,对于任何的价格 $p\in(c_h, u_h)$,"高质量,买"帕累托都优于"低质量,不买",然而,根据博弈理论,没有声誉机制,帕累托有效的均衡结果总是达不到的。

声誉机制要发挥作用,违规信息必须能在交易方之间无成本地传递,网站的信用评价系统很好地起到了信息传递的作用。需求者通过观察供给者的历史信用评价,可以了解到供给者商品的质量信息,如果信用评价是准确的,那么需求者和供给者之间的关系近似于完美信息重复博弈。根据标准重复博弈理论,只要供给者对未来有足够的耐心,博弈重复的阶段足够长,"高质量,买"的有效结果就能够达到。假设博弈的时期是离散的并有无限期界,让 δ 表示时期贴现因子,可以证明,在每个时期,对于任何的 $p\in(c_h, u_h)$,当 $\delta\geq(c_h-c_l)/(p-c_l)$ 时,"高质量,买"都是最优的均衡结果,同时,为了最大化期望收益,供给者将把每一期的价格 p 都设定为最大值 u_h,这一均衡也被称为"声誉均衡"。让 $r_h=u_h-c_h$ 和 $r_l=u_h-c_l$ 分别表示供给者选择诚实(高质量)和欺骗(低质量)时的收益。

然而,信用评价系统传递的信息不是完全准确的,存在噪声,比如,有时尽管供给者尽其所能地向需求者描述商品或服务的质量,但由于个人理解偏差或者沟通的不便,需求者却对供给者产生了误解,认为供给者有意欺骗,给予差评。在小猪短租等网站提供的交易评价中往往可以看到供给者和需求者就争议各执一词的情况,有时很难判断究竟是供给者还是需求者应该为争议负主要责任。既然需求者观察到的信息是不完美的,考虑如下的信息结构:商品质量 $q(q=h$ 或 $l)$ 是供给者的私人信息,需求者只能观察到已交易需求者对供给者商品质量的评分 Q。假设这一评分是关于质量的线性函数,$Q=q+\varepsilon$,其中 ε 是随机扰动项,表示信用评价噪声,并且 $\varepsilon\sim N(0,\sigma^2)$。

对于具有以上信息结构的重复博弈,先讨论其子博弈完美公共均衡。一般性的,不完美信息重复博弈会存在许多子博弈完美公共均衡,这些均衡可能涉及复杂的路径依赖的策略。然而,Cai[43]证明了,对于上述的不完美信息重复博弈,在所有的均衡中一定存在一个最优的均衡,即使供给者期望收益最大的均衡。这个"最优均衡"具有一个较为简单的结构,他们将其定义为"截断触发策略均衡",即在博弈开始时期,供给者和需求者先选择最优策略(高质量,买),只要系统传递的质量信息 Q 高于某一阈值,双方将一直选择(高质量,买)的策略,但是,一旦发现公共质量信息 Q 低于这一阈值,买方将永远选择"不买"作为惩罚,即博弈结果沦为"囚徒困境"Nash 均衡(低质量,不买)。鉴于此,下面的分析将集中于这种具有截断触发策略形式的最优均衡。

既然供给者有完全的定价权,在最优均衡中,供给者会将价格正好设定为需求者的期望效用(u_h 或 u_l),是 u_h 还是 u_l,取决于需求者对供给者质量的预期。如果供给者的声誉是好的,那么需求者对商品总是有高质量的预期,供给者将价格设定为 u_h 是需求者可以接受的,交易可以达成;如果供给者失去声誉,低质量被预期,则需求者可以接受的最高价格是 u_l。这不足以抵消供给者的成本 c_l,因此,无论何时,只要市场中的需求者预期为"低质量",均衡结果都是"不交易",价格是不确定的。既然供给者的定价策略是显然的,而且在最优均衡时供给者的定价总是为 $p=u_h$,那么下面的分析将主要集中于供给者的质量决策和需求者的购买决策方面。另外,为了分析的简便,假设供给者也是同质的,需求者用对称的方式与每个供给者进行博弈。

由上可知,需求者观察到的质量公共信息 Q 服从正态分布,即 $Q \sim N(q, \sigma^2)$。假设 $\widetilde{Q}$ 为截断触发策略中的质量信息阈值,那么供给者声誉能够维持的概率为 $1-\Phi\left(\dfrac{\widetilde{Q}-q}{\sigma}\right)$,其中 Φ 是标准正态分布函数,条件依赖于商品质量 $q(q=h$ 或 $l)$。从而,在均衡时,对于单个供给者,在当期选择"高质量 h"时的期望收益 π 满足下面的递归方程:

$$\pi = r_h + \delta\left[1-\Phi\left(\dfrac{\widetilde{Q}-h}{\sigma}\right)\right]\pi \qquad (2.11)$$

即供给者在当期选择"诚实"的期望收益等于他在当期的诚实收益 r_h,加上声誉能够维持时的未来期望收益。

供给者在当期选择"高质量"的激励相容约束为:

$$\pi \geqslant r_l + \delta\left[1-\Phi\left(\dfrac{\widetilde{Q}-l}{\sigma}\right)\right]\pi \qquad (2.12)$$

(2.12)式右边表示供给者在当期选择"欺骗"的期望收益,这等于供给者当期的欺骗收益 r_l,加上声誉能够维持时的未来期望收益。

满足(2.11)式和(2.12)式的任何一对(π,$\widetilde{Q}$)都能产生一个"声誉均衡":在每一时期,供给者都会提供高质量商品,只要观察到的质量公共信息不低于 $\widetilde{Q}$,需求者都会购买一单位供给者的商品。

在最优均衡时,(2.12)式的激励相容约束一定是紧的(binding)。这是因为,如果最优均衡(π,$\widetilde{Q}$)使得(2.12)式的严格不等式成立,那么可以在不影响激励相容约束的情况下适当地减少 $\widetilde{Q}$,既然 π 关于 $\widetilde{Q}$ 是递减的(由(2.11)式知),那么减少 $\widetilde{Q}$ 可以增加 π 的值,而这与最优均衡的定义相矛盾。因此,对于最优均衡$(\pi,\widetilde{Q})$,一定有：

$$\pi = r_l + \delta\left[1 - \Phi\left(\frac{\widetilde{Q}-l}{\sigma}\right)\right]\pi \tag{2.13}$$

求解(2.11)式和(2.13)式,可以得出最优均衡的质量信息阈值$\widetilde{Q}$和供给者的期望收益π。(2.13)式减去(2.11)式得：

$$r_l - r_h = \delta\left[\Phi\left(\frac{\widetilde{Q}-l}{\sigma}\right) - \Phi\left(\frac{\widetilde{Q}-h}{\sigma}\right)\right]\pi \tag{2.14}$$

(2.14)式说明均衡时欺骗获得的当期收益等于欺骗造成的未来期望收益的损失。

以下为了叙述的简便引入一些记号：令$z = \frac{\widetilde{Q}-h}{\sigma}$表示标准化信号,$\lambda = \frac{r_l}{r_h}$表示欺骗收益与诚实收益的比,$\Delta = h - l$表示质量差异。用(2.11)式从(2.14)式中消除π,得到如下的方程：

$$G(z) \equiv \frac{1}{\lambda - 1}\left[\Phi\left(z + \frac{\Delta}{\sigma}\right) - \lambda\Phi(z)\right] = \frac{1-\delta}{\delta} \tag{2.15}$$

令$G'(z) = 0$,可得$G(z)$的唯一极值点为：

$$z^* = -\frac{\Delta}{2\sigma} - \frac{\sigma\ln\lambda}{\Delta} \tag{2.16}$$

因此$G(z)$是单峰函数。因为当$z \to -\infty$时,$G(z) = 0$；当$z \to \infty$时,$G(z) = -1$,并且$G(z^*) > 0$。所以当$z < z^*$时,$G'(z) > 0$；当$z > z^*$时,$G'(z) < 0$。

很显然,当$\delta > \frac{1}{1+G(z^*)}$时,方程(2.15)有两个解,又由(2.11)式可知,π是z的递减函数,因此最小的那个解构成最优均衡的信号阈值,不妨用$\widetilde{z}$表示方程(2.15)的最小解。

定理1：当$\delta > \frac{1}{1+G(z^*)}$时,需求者和供给者构成的不完美信息重复博弈存在一个截断触发策略的最优均衡$(\pi^*, \widetilde{z})$,信号阈值为方程(2.15)的最小解,供给者的最优期望收益π^*由(2.17)式给出：

$$\pi^* = \frac{r_h}{1 - \delta[1 - \Phi(\widetilde{z})]} \tag{2.17}$$

(2.17)式等价于：

$$(1-\delta)\pi^* = r_h - \frac{r_l - r_h}{\Phi\left(\widetilde{z} + \frac{\Delta}{\sigma}\right)/\Phi(\widetilde{z}) - 1} \tag{2.18}$$

即在最优均衡时,供给者平均每期的期望收益$(1-\delta)\pi^*$等于他在每一期的诚实收益r_h,减去一个激励成本(上式右边第二项),激励成本取决于供给者欺骗的相对收益$(r_l - r_h)$和欺骗行为被发现的相对概率 $\Phi\left(\tilde{z}+\frac{\Delta}{\sigma}\right)/\Phi(\tilde{z})$，后者度量了公共信号对供给者欺骗行为的揭示能力。

定理 1 说明对于不完美信息重复博弈，只要供给者对未来有足够的耐心，在均衡时声誉总是能够发挥作用，然而和完美信息的情况相比，声誉的作用会小一些，因为即使供给者始终选择诚实交易，也会以一个正的概率失去声誉（在长期中几乎完全确定），因而供给者选择诚实的期望收益要比完美信息情况小一些，激励也会小一些。

由(2.14)式可知，随着 Δ 的增加、λ 和 σ 的减少，$G(z)$ 是增加的。另外，随着 δ 的增加，$(1-\delta)/\delta$ 是减少的，由此很容易得到对最优均衡的比较静态分析结论。

定理 2： 当 $\delta > \dfrac{1}{1+G(z^*)}$ 时，最优均衡 $(\pi^*, \tilde{z})$ 的信号阈值 $\tilde{z}$ 关于 δ 和 Δ 是递减的，而关于 λ 和 σ 是递增的；供给者期望收益 π^* 关于 δ 和 Δ 是递增的，关于 σ 是递减的。

定理 2 说明，当供给者越关心未来的收益（越大的 δ）、公共信号揭示供给者欺骗行为的能力越强（越大的 Δ）、从欺骗获得的相对收益越小（越小的 λ）、公共信号的噪声越小（越小的 σ）时，个人声誉均衡越容易达到。

(2) 非联盟情况下的博弈模型及均衡分析

下面分析 n 个供给者组成联盟的情况。分散的供给者通过建立联盟，可以向需求者发出可置信的承诺：联盟成员提供的商品都是高质量的，如果有某成员提供了低质量的商品，联盟将对其实施处罚。正是联盟集体声誉的作用，可以在一定程度上纠正由于信息噪声造成的需求者对供给者行为的错误判断。比如，当某个供给者的历史信用评价中出现了差评，如果这个供给者具有联盟身份的话，需求者会将差评的原因归咎为个人偏好和网络自身的不确定性，而不完全归咎于供给者的欺骗行为。因此，联盟与非联盟的区别在于，需求者不再与单个供给者进行博弈，而是与整个联盟进行博弈，也即需求者的购买决策不再是基于单个供给者的质量信息，而是基于联盟成员的平均质量信息。

假设 n 个供给者的质量决策构成的质量向量为 $(\boldsymbol{q}_1, \boldsymbol{q}_2, \cdots, \boldsymbol{q}_n)$，定价决策构成的价格向量为 $(\boldsymbol{p}_1, \boldsymbol{p}_2, \cdots, \boldsymbol{p}_n)$，需求者观察到的供给者 $j(j=1, 2, \cdots, n)$ 的商品质量的公共信息为 $Q_j = q_j + \varepsilon_j$，其中 ε_j 表示供给者 j 的信用评价噪声。为了分析的简便，假设对于所有的供给者，信息噪声的分布是相同的并且相互独立，即对每个 j，$\varepsilon_j \sim N(0, \sigma^2)$，且 $\text{Cov}(\varepsilon_i, \varepsilon_j) = 0$ $(i \neq j)$。对于联盟，需求者是基于联盟成员的平均质量信息来做决策的，不妨用 $\bar{Q} = \dfrac{1}{n}\sum_{j=1}^{n}Q_j$ 表示平均质量信息，$\bar{Q} = \bar{q} + \bar{\varepsilon}$，其中 $\bar{q} = \dfrac{1}{n}\sum_{j=1}^{n}q_j$，$\bar{\varepsilon} = \dfrac{1}{n}\sum_{j=1}^{n}\varepsilon_j$，因为 $\bar{\varepsilon} \sim N\left(0, \dfrac{\sigma^2}{n}\right)$，所以 $\bar{Q} \sim N\left(\bar{q}, \dfrac{\sigma^2}{n}\right)$。对于联盟情况，也仅集中于截断触发策略均衡，即只要平均质量信息 $\bar{Q}$ 高于某个信息阈值 $\widetilde{Q}$，需求者就会选择购买联盟供给者的商品，仍然假设联盟中的供给者是同质的，用 π_n 表示联盟情况下单个供给者的期望收益。

联盟与非联盟的另一个区别在于，联盟可以发挥规模效应给成员带来的一些经济利益，比如联盟能以其规模优势向物流公司争取更多的价格优惠。联盟的规模越大，谈判力量越强，与物流公司达成的优惠条件越多。为此，假定加入联盟可以降低诚实供给者的经营成本 c_h，并且成本的降低与联盟规模 n 有关，规模 n 越大，供给者的经营成本降的越低。当然，当

n 达到一定水平 n_0 时,规模效应得到最大限度地发挥,成本不再随着规模递减。为此,本文做如下假设。

假设 1:存在 $n_0>1$,当 $1\leqslant n<n_0$ 时,$c'_h(n)<0$;当 $n\geqslant n_0$ 时,$c'_h(n)=0$。

联盟与非联盟的第三个区别在于,联盟设有内部监督。比如,淘宝联盟制度规定,盟主必须每个月至少两次针对盟员情况进行检查,有任何盟员出现不良状况将列入至预备盟员名单中,直至不良状态解除。为了维护联盟声誉,不使无辜成员受牵连,盟主会对内部成员进行严格监督。假设成员欺骗行为能被盟主发现的概率为 τ,一旦被发现将被永久开除出联盟。需求者和联盟成员之间的博弈关系被描述在图 2-7 中。供给者的声誉是好的、能获得质量溢价的阶段被称为声誉阶段,供给者失去声誉、需求者抵制购买联盟成员商品的阶段被称为公共惩罚阶段,供给者的欺骗行为被盟主发现、被开除出联盟的阶段称之为联盟惩罚阶段。

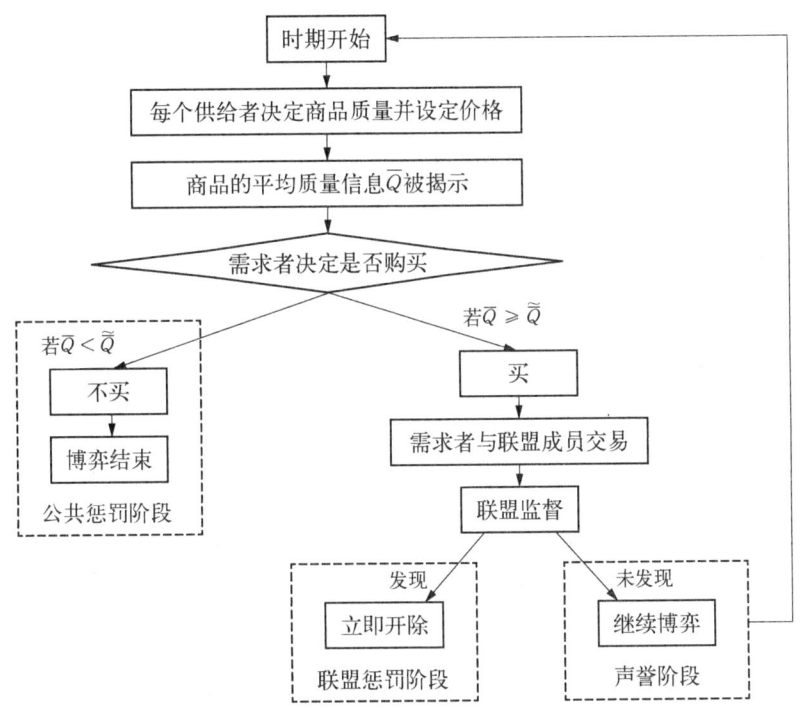

图 2-7 需求者和联盟之间的博弈时序

与 Cai[43] 的证明类似,对于需求者和联盟供给者之间的不完美信息重复博弈,也存在截断触发策略最优均衡,只不过单个供给者的质量信息阈值 $\tilde{Q}$ 由平均质量信息阈值 $\tilde{\bar{Q}}$ 代替,由于有联盟内部监督,声誉被保持的概率 $\left[1-\Phi\left(\dfrac{\tilde{Q}-q}{\sigma}\right)\right]$ 被替换为 $(1-\tau)\left[1-\Phi\left(\dfrac{\tilde{\bar{Q}}-\bar{q}}{\sigma/\sqrt{n}}\right)\right]$。为此,得出如下结论。

定理 3:对于图 2-7 所示的需求者和联盟供给者之间的不完美信息重复博弈,其最优策略均衡为如下的截断触发策略均衡 $(\pi_n^*,\tilde{\bar{Q}})$:(i)声誉阶段。在博弈开始时期,所有的联盟供给者都选择高质量 h,对商品的定价为 u_h,只要平均质量信息 $\bar{Q}$ 不低于信息阈值 $\tilde{\bar{Q}}$,需求者总是选择购买一单位联盟成员的商品,供给者获得收益 π_h^*。(ii)联盟惩罚阶段。联盟进行内部监督，若发现某个供给者有欺骗行为，立即将其开除。(iii) 公共惩罚阶段。如果观察到的平均质量信息 $\bar{Q}$ 低于阈值 $\widetilde{Q}$，联盟失去声誉，作为惩罚，需求者将永远不购买联盟成员的商品，所有的联盟供给者都只有选择低质量 l。

由于需求者可以基于平均信息同时惩罚联盟中所有的成员，因此相对于非联盟情况，联盟中需求者的惩罚更为严厉，因而联盟比单个独立供给者更注重自己的声誉。定理3说明，在最优均衡的声誉阶段，联盟中的所有供给者都会选择高质量。这是因为，如果联盟中的一部分供给者选择低质量，并被需求者通过公共信号觉察到，需求者将不愿意支付得像 u_h 一样高，这使得诚实供给者的收益降低，从而维护声誉的积极性也降低，声誉被终止的概率变大，供给者的期望收益变少。因此，部分联盟供给者不选择高质量时的收益要比全部都选择高质量时要低，也就是，对于联盟整体来说，都选择高质量是最优的策略。

下面给出截断触发策略最优均衡 $(\pi_n^*, \widetilde{Q})$ 的具体形式。既然在最优均衡中，在每个时期，所有的 n 个供给者都会选择高质量 h，则每个供给者的期望收益 π_n 可由如下的递归方程给出：

$$\pi_n = r_h + \delta\left[1 - \Phi\left(\frac{\widetilde{Q} - h}{\sigma/\sqrt{n}}\right)\right]\pi_n \tag{2.19}$$

每个供给者在每一时期选择高质量 h 的激励相容约束为：

$$\pi_n \geqslant r_l + \delta(1-\tau)\left[1 - \Phi\left(\frac{\widetilde{Q} - \bar{q}}{\sigma/\sqrt{n}}\right)\right]\pi_n \tag{2.20}$$

其中 $\bar{q} = h - \dfrac{\Delta}{n}$。

任何一对满足(2.19)式和(2.20)式的 $(\pi_n, \widetilde{Q})$ 都能产生一个声誉均衡，即在每一时期所有的联盟供给者都提供高质量，只要平均质量信息高于阈值 $\widetilde{Q}$，需求者就会购买联盟供给者的商品。类似于非联盟情况，均衡时激励相容约束(2.20)式一定是紧的，即

$$\pi_n = r_l + \delta(1-\tau)\left[1 - \Phi\left(\frac{\widetilde{Q} - \bar{q}}{\sigma/\sqrt{n}}\right)\right]\pi_n \tag{2.21}$$

如若不然，可以通过减少 $\widetilde{Q}$ 来增加 π_n 的值，这与最优均衡的定义相矛盾。

联立(2.19)式和(2.21)式，得到如下方程：

$$G_n(\widetilde{Q}) \equiv \frac{1}{\lambda_n - 1}\left[(1-\tau)\Phi\left(\frac{\widetilde{Q} - \bar{q}}{\sigma/\sqrt{n}}\right) - \lambda_n\Phi\left(\frac{\widetilde{Q} - h}{\sigma/\sqrt{n}}\right) + \tau\right] = \frac{1-\delta}{\delta} \tag{2.22}$$

方程(2.22)的最小解即为最优均衡的信息阈值。用标准信号 $\bar{z} = \dfrac{\widetilde{Q} - h}{\sigma/\sqrt{n}}$ 代替 $\widetilde{Q}$，方程(2.22)被简化为：

$$G_n(\bar{z}) \equiv \frac{1}{\lambda_n - 1}\left[(1-\tau)\Phi\left(\bar{z} + \frac{\Delta}{\sigma\sqrt{n}}\right) - \lambda_n\Phi(\bar{z}) + \tau\right] = \frac{1-\delta}{\delta}$$

或 $$G_n(\bar{z}) \equiv \frac{1}{\lambda_n - 1}\left[(1-\tau)\Phi\left(\bar{z} + \frac{\Delta}{\sigma\sqrt{n}}\right) - \Phi(\bar{z}) + \tau\right] - \Phi(\bar{z}) = \frac{1-\delta}{\delta} \quad (2.23)$$

当 $n=1$、$\tau=0$ 时，(2.23)式即为(2.15)式。从方程(2.23)能够很清楚地看出联盟的规模效应对于声誉机制的影响。n 越大，$\left[(1-\tau)\Phi\left(\bar{z} + \frac{\Delta}{\sigma\sqrt{n}}\right) - \Phi(\bar{z})\right]$ 的值越小，即单个供给者的欺骗行为被发现的可能性越小，或者信号能够甄别出供给者欺骗行为的能力越弱，因此供给者"搭便车"的倾向越大，维护声誉的积极性越小；另一方面，n 越大，λ_n 越小，即供给者欺骗获得的相对收益越小，这倾向于降低供给者欺骗的吸引力，促使供给者维护声誉。联盟的声誉均衡取决于这两方面作用的平衡。

类似于非联盟情况，对于固定的 n，容易证明 $G_n(\bar{z})$ 也是单峰函数，唯一的最大值点为：

$$\bar{z}_n^* = -\frac{\Delta}{2\sigma\sqrt{n}} - \frac{\sigma\sqrt{n}}{\Delta}\ln\left(\frac{\lambda_n}{1-\tau}\right) \quad (2.24)$$

且当 $\bar{z} < \bar{z}_n^*$ 时，$G_n'(\bar{z}) > 0$；当 $\bar{z} > \bar{z}_n^*$ 时，$G_n'(\bar{z}) < 0$。$G_n(\bar{z})$ 的形状如图 2-8 所示。让 $\tilde{\bar{z}}_n$ 表示方程(2.23)的两个解中最小的解。由(2.23)式可知，$G_n(\bar{z})$ 关于 λ_n 和 σ 是递减的，关于 Δ 和 τ 是递增的，又知当 $\bar{z} < \bar{z}_n^*$ 时，$G_n(\bar{z})$ 关于 $\bar{z}$ 递减，因此可以得出 $\tilde{\bar{z}}_n$ 的比较静态分析结论，即对于任何的 $n > 1$，$\tilde{\bar{z}}_n$ 关于 λ_n 和 σ 是递增的，关于 δ、τ 和 Δ 是递减的。

对于需求者和联盟之间不完美信息重复博弈的最优均衡被概括在定理 4 中。

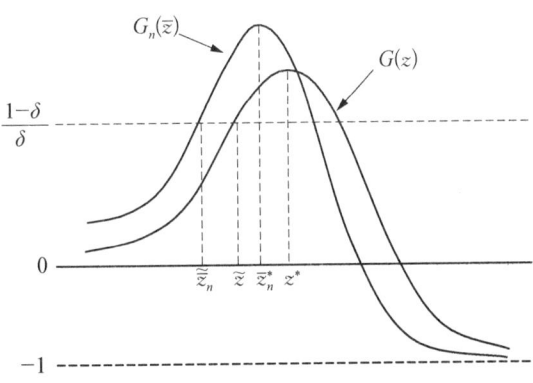

图 2-8 联盟与非联盟情况的均衡信息阈值比较

定理 4：对于由 $n(n>1)$ 个供给者组成的联盟，当 $\delta > \dfrac{1}{1+G(\bar{z}_n^*)}$ 时，存在一个截断触发策略的声誉均衡 $(\pi_n^*, \tilde{\bar{z}}_n)$：声誉均衡中的信息阈值 $\tilde{\bar{z}}_n$ 是基础方程(2.23)式的最小解，并且 $\tilde{\bar{z}}_n$ 关于 λ_n 和 σ 是递增的，关于 δ、τ 和 Δ 是递减的。联盟中每个供给者的期望收益为：

$$\pi_n = \frac{r_h}{1 - \delta[1 - \Phi(\tilde{\bar{z}}_n)]} \quad (2.25)$$

定理 4 说明，当 δ、τ 和 Δ 越大，λ_n 和 σ 越小时，集体声誉均衡越容易达到。得到如下启示：① 大供给者比中小供给者组成的联盟更容易发挥集体声誉的作用，因为大供给者比中小供给者对交易更有耐心或更关注未来收益（δ 更大）；② 盟主对于内部监督付出的努力越多（τ 越大），联盟发出的承诺越可置信，声誉越容易被维持；③ 供给者商品的标准化程度越低，即高质量与低质量之间的差异越大（Δ 更大）或者公共信号揭示供给者欺骗行为的能力越强，联盟维护声誉的积极性越高；④ 低价商品的供给者联盟比高价商品的供给者联盟存在的时间更长，因为前者从欺骗获得的相对收益更小（λ 更小）；⑤ 信息环境越完美，信用评价的噪声越少(σ 更小)。

下面对联盟情况的集体声誉均衡与非联盟情况的个人声誉均衡进行比较。

定理 5：若 $\tau \geqslant \dfrac{1}{\lambda+1}$，则 $\tilde{\tilde{z}}_n$ 关于 n 是递减的，并且 $\tilde{\tilde{z}}_n < \tilde{z}$，$\pi_n^* > \pi^*$，即联盟情况下的截断触发策略最优均衡 $(\pi_n^*, \tilde{\tilde{z}}_n)$ 总是优于非联盟情况下的截断触发策略最优均衡 $(\pi^*, \tilde{z})$。

定理 5 说明，集体声誉总是比个人声誉更容易被维持。由于篇幅所限，这里没有列出具体证明过程。通过建立联盟与买家之间的博弈模型说明，联盟可以通过自我管理有效地防止成员的道德风险，从而起到补充个人声誉不足、减少网站管理成本的作用。

2.2.2 集体声誉机制存在的问题及对策

集体声誉机制已经在电子商务领域的道德风险治理中被广泛应用。截至 2017 年 12 月，淘宝网上的商盟卖家成员已有 20 万名，占活跃卖家的 10%，淘宝网在推荐位和促销上都给予了商盟很大的支持。电子商务网站还可以通过各种机制设计进一步加强商盟的作用。比如，在卖家简介中不但列出卖家是否加入某一商盟，还列出卖家所属商盟的总体信用评价，例如商盟成员中有多少人最近受到网站的处罚、有多少人最近收到差评等。这样，买家只需观察一位卖家就可以对该卖家所属商盟的总体信用评价有一个大致的了解，从而真正做到基于商盟的总体信用评价而非单个卖家的评价来做决策，加强对商盟实施集体惩罚的可操作性，充分发挥集体声誉的作用。

由于共享经济发展时间短，共享经济平台还没有如淘宝网那样的卖家商盟制度。但从长远来看，为了节约管理成本，繁荣共享经济交易市场，共享经济平台应鼓励供给者之间的结盟，在设计商品的搜索排序机制时，更多地考虑联盟成员，给有联盟标志的供给者以更大的权重，赋予联盟更多的权利和义务。平台通过供给者联盟的参与和协助，减少管理成本，使自身能够更加专注于核心平台建设。当然，联盟越大、管理成本越高，承担的风险也越大，并且联盟对成员的声誉是很难进行有效评估的；另外，声誉效应的外部性会导致供给者的"搭便车"行为，甚至在一定程度出现"囚徒困境"的局面。只有当联盟数量处于最优规模时，联盟作用才能得到更大程度的发挥，因此共享经济平台在设计集体声誉机制时要在联盟规模方面做出限制。

2.3 信用免押机制

2.3.1 信用免押机制实施现状及存在的问题

共享经济中押金的目的是通过交易前的风险控制，促进双方的交易信任，规避道德风险。然而，押金制度在降低需求者道德风险的同时又增加了供给方的道德风险，如供给者不按约定退还押金、以严苛的条件克扣押金，甚至使用押金营利等。据央广新闻 2017 年 11 月 25 日援引芝麻信用的数据统计，目前 6 家公开倒闭的知名共享单车企业造成的押金损失已高达 10 多亿元，极大地损害了消费者权益。实际上，共享经济的"押金营利模式"早已饱受诟病，因此，合理的押金制度设计和对押金存管的规范化是当前共享经济领域的一个热点研究问题。

为了促进用户的信用提升,2017年3月份,美团、哈啰等单车企业引入了信用免押金机制,即芝麻信用在650分以上的用户可以免押金,房屋短租领域的小猪短租企业也在行业内率先实施了信用免押金制度。根据《2017年共享经济研究报告》,信用免押机制效果显著,芝麻信用平台数据显示,相比缴纳押金客户,免押客户租金欠款率低52%,违章罚款欠款率低27%,丢车率低46%。从信用免押机制实施效果看,未来信用免押金服务将成为解决信任问题的重要手段,不仅能大幅降低公众参与共享经济活动的成本,激发人们提升自身信用的积极性,减少用户的违约行为,更重要的是,能有效避免沉淀押金带来的潜在风险。

虽然信用免押机制对用户起到了良好的信用准入和行为约束效果,但如何合理地设定门槛分数却成为一个问题,如果"一刀切"的门槛分数设定不当,将使得信用免押机制的实施效果大打折扣。门槛分数设置过低,进入门槛的低信用用户仍然有很大的概率发生道德风险;门槛分数设置过高,会降低一部分初始用户(没有信用积累的用户)参与共享经济的积极性。因此,从理论上分析信用免押机制的设计具有重要的意义。

2.3.2 信用免押机制设计

本研究提出了一种"线性"的信用免押机制,暂且把共享经济领域普遍使用的信用免押金机制称为"一刀切"的信用免押机制。"一刀切"的信用免押机制可以表示为:$F = \begin{cases} F_1, \theta < \theta_1^* \\ 0, \theta \geqslant \theta_1^* \end{cases}$。"线性"的信用免押机制表示为:$F(\theta) = \begin{cases} a - b\theta, \theta < \theta_2^* \\ 0, \theta \geqslant \theta_2^* \end{cases}$。两种机制的比较如图2-9所示。

下面构建共享经济的交易模型,以研究"线性"的信用免押机制的设计。

1. 基于单阶段博弈的信用免押机制设计

与2.1.1节中所述共享经济交易模式类似,假设供给者在与某一需求者单次交易中可以获得的收益为π。π与交易物品的真实价值ρ、需求者的信用水平θ以及网络市场的不确定性ε有关。其中:需求者只有在使用物品后才了解其真实价值ρ,在交易前只知道

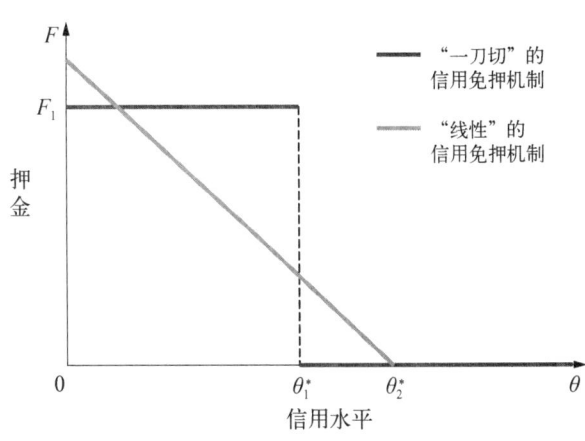

图2-9 两种信用免押机制

价值ρ的分布;$\theta(0 < \theta < 1)$是需求者的私人信息;ε是随机变量。

U表示需求者在与供给者的单次交易中可以获得的效用,信用水平θ是需求者的选择变量,为了维持一定的信用水平,需求者需要付出成本,不妨设成本函数为$C(\theta)$,满足:$C'(\theta) > 0, C''(\theta) > 0, C(0) = C'(0) = 0$。供给者为了对需求者的行为进行约束,需要收取押金$F$,如果需求者是完全讲信用的即$\theta = 1$,那么押金全额退还,否则按信用水平退还押金即$\theta F$。

在以上假定下，供给者与需求者单次交易的净收益为：

$$\pi(\rho, \theta, \varepsilon) + (1-\theta)F \tag{2.26}$$

需求者的净收益函数为：

$$U - C(\theta) - (1-\theta)F \tag{2.27}$$

交易的总社会福利为：$\pi(\rho, \theta, \varepsilon) + U - C(\theta)$。

在信息完全对称的情况下，需求者选择如下的信用水平 θ 以最大化整个交易的社会福利：

$$\max_{\theta} \pi(\rho, \theta, \varepsilon) + U - C(\theta) \tag{2.28}$$

假设供给者的收益函数是线性的，即 $\pi = h\rho + k\theta + \varepsilon$（$h$、$k > 0$），这是共同知识；$\rho$ 的分布是均值为 $\bar{\rho}$，方差为 σ_ρ^2 的正态分布；ε 也服从均值为 0、方差为 σ_ε^2 的正态分布；信用的成本函数为 $C(\theta) = \gamma\theta^2/2$（$\gamma > 0$）。这里，$k$ 是信用的边际收益，γ 是信用的边际成本，总是假设 $k > \gamma$，并且押金数量 $F < \gamma$。容易证明，在这些假设下，对需求者来说最优的信用水平为 $\bar{\theta} = 1$。

由于共享经济交易信息不对称，供给者观察不到需求者的信用水平 θ，因此，作为理性人的需求者会选择信用水平 θ 以最大化自身的收益，即：

$$\max_{\theta} U - \gamma\theta^2/2 - (1-\theta)(a - b\theta) \tag{2.29}$$

即

$$\theta^* = \frac{a+b}{\gamma + 2b}$$

假设参数满足：$\gamma > a - b$，则 $\theta^* < \bar{\theta}$，也就是，信息不对称下的需求者信用会小于信息对称下的需求者信用。

本研究认为"一刀切"的信用免押机制并不能很好地发挥保证金对交易主体行为的约束作用，为此，本研究拟从社会福利的角度，研究"线性"的信用免押机制的设计。

由此可得出"线性"的信用免押机制的社会福利为：

$$\sum\nolimits^* = h\bar{\rho} + U + \frac{k(a+b)}{\gamma + 2b} - \frac{\gamma(a+b)^2}{2(\gamma + 2b)^2}$$

根据本文模型，"一刀切"的信用免押机制可以表示为：$F(\theta) = \begin{cases} 0, & \theta \geq \bar{\theta} \\ a, & \theta < \bar{\theta} \end{cases}$，其社会福利为：

$$\sum\nolimits^1 = \begin{cases} h\bar{\rho} + U + k\bar{\theta} - \dfrac{\gamma\bar{\theta}^2}{2}, & \theta \geq \bar{\theta} \\ h\bar{\rho} + U + \dfrac{4ka - a^2}{8\gamma}, & \theta < \bar{\theta} \end{cases}$$

容易证明：

(1) 当 $\dfrac{a+b}{\gamma + 2b} > \bar{\theta}$ 时，有 $\sum^* > \sum^1$，即对整个共享交易的社会福利水平来说，"线性"

的信用免押机制优于"一刀切"的信用免押机制。

(2) 当 $\frac{a+b}{\gamma+2b} < \bar{\theta}$ 时,有 $\sum^1 > \sum^*$,即对整个共享交易的社会福利水平来说,"一刀切"的信用免押机制优于"线性"的信用免押机制。

γ 为信用的边际成本,只要在押金制度 $F(\theta) = a - b\theta$ 设计中保证如下条件成立:$a > \bar{\theta}\gamma + (2\bar{\theta} - 1)b$,就能保证"线性"的信用免押机制优于目前广泛使用的"一刀切"的信用免押机制。

2. 基于多阶段博弈的信用免押机制设计

以上分析结论仅基于供给者和需求者单次交易的静态博弈分析。然而由于共享经济平台能够自动收集和传递需求者的信用信息,使得声誉机制能够发挥作用,即如果需求者不诚信交易,受骗的供给者就会给他差评,后面的供给者观察到这一信息,就会减少与该需求者的交易次数,从而减少需求者未来的收益。出于对长期收益的考虑,需求者会保持较高的信用水平。下面把声誉这个隐性激励约束引入模型中,进一步研究信用免押机制设计。

为了分析方便,先考虑两阶段博弈的情况。假设与 2.1.1 节类似,在时期 t ($t = 1, 2$),供给者与需求者单次交易的净收益为 $\pi_t = h\rho + k\theta_t + \varepsilon_t$,假定随机变量 ε_1 和 ε_2 不相关,即 $Cov(\varepsilon_1, \varepsilon_2) = 0$。另外,在时期 t 供给者与需求者交易的概率为 m_t,取决于他们对该时期单次交易所能获得的收益的预期,即 $m_t = f(E(\pi_t))$,显然 $f'(\cdot) > 0$,为了简单,令 $m_t = \lambda E(\pi_t)$ ($1 > \lambda > 0$)。

假定需求者是风险中性的,并且贴现系数为 1,那么他在两个时期的总收益为:

$$\Pi = \sum_{t=1}^{2}(w_t - C(\theta_t) - (1-\theta_t)F(\theta_t))$$

其中

$$w_1 = \lambda U(h\bar{\rho} + k\bar{\theta}_1), \quad w_2 = \lambda U E(\pi_2/\pi_1)$$

$\bar{\theta}_1$ 为供给者对需求者在 $t = 1$ 期的信用水平 θ_1 的预期。

当博弈关系持续两期时,需求者在 $t = 2$ 期的最优信用水平仍为 $\theta_2^* = (a+b)/(\gamma+2b)$,因为博弈没有第三期,需求者在该期无需考虑声誉问题。下面证明,需求者在 $t = 1$ 期的最优信用水平 θ_1^* 会严格大于 θ_2^*。这是因为,需求者在 $t = 2$ 期的收益 w_2 依赖于供给者对他的信用水平 θ_2 的预期,而 θ_1 通过对 π_1 的作用影响这种预期。

根据前述分析,容易求出:

$$E(\pi_2/\pi_1) = hE(\rho | \pi_1)$$

假定供给者具有理性预期能力,即在均衡时 $\bar{\theta}_1$ 等于需求者的实际选择,当供给者观察到 π_1 时,知道 $h\rho + \varepsilon_1 = \pi_1 - k\bar{\theta}_1$,但不能把 $h\rho$ 与 ε_1 正确分开,供给者要根据 π_1 来推断 ρ。

令 $\tau = \frac{h^2\sigma_\rho^2}{h^2\sigma_\rho^2 + \sigma_\varepsilon^2}$,根据理性预期公式:

$$E(\rho | \pi_1) = (1-\tau)\bar{\rho} + \tau(\pi_1 - k\bar{\theta}_1)/h$$

代入 w_2 的公式得:

$$w_2 = \lambda Uh(1-\tau)\bar{\rho} + \lambda U\tau(\pi_1 - k\bar{\theta}_1)$$

将 w_1 和 w_2 代入需求者的收益函数为：

$$\Pi = \lambda U(h\bar{\rho} + k\theta_1) + \lambda Uh(1-\tau)\bar{\rho} + \lambda U\tau(h\bar{\rho} + k\theta_1 - k\bar{\theta}_1) - \gamma\theta_1^2/2 - \gamma\theta_2^2/2 \\ - (1-\theta_1)(a-b\theta_1) - (1-\theta_2)(a-b\theta_2)$$

由最优化的一阶条件得：

$$\theta_1^* = (\lambda Uk\tau + a + b)/(\gamma + 2b) > \theta_2^*$$

这说明当供给者和需求者的关系持续两期时，在 $t=1$ 期，需求者不会像单次博弈那样仅付出 θ^* 的信用水平，而是在声誉机制的作用下选择大于 θ^* 的信用水平。

由此可得出"线性"的信用免押机制下的社会福利为：

$$\sum{}^* = 2h\bar{\rho} + 2U + k\theta_1^* + \frac{k(a+b)}{\gamma+2b} - \frac{\gamma\theta_1^{*2}}{2} - \frac{\gamma(a+b)^2}{2(\gamma+2b)^2}$$

"一刀切"的信用免押机制可以表示为：$F(\theta) = \begin{cases} 0, & \theta \geq \bar{\theta} \\ a, & \theta < \bar{\theta} \end{cases}$，其社会福利为：

$$\sum{}^1 = \begin{cases} 2h\bar{\rho} + 2U + 2k\bar{\theta} - \gamma\bar{\theta}^2, & \theta \geq \bar{\theta} \\ \sum{}^0, & \theta < \bar{\theta} \end{cases}$$

容易证明：对于两阶段博弈关系：

(1) 当 $1 > \dfrac{\lambda Uk\tau + a + b}{\gamma + 2b}$ 且 $\dfrac{a+b}{\gamma+2b} > \bar{\theta}$ 时，有 $\sum{}^* > \sum{}^1$，即对整个共享交易的社会福利水平来说，"线性"的信用免押机制优于"一刀切"的信用免押机制；

(2) 当 $\dfrac{\lambda Uk\tau + a + b}{\gamma + 2b} < \bar{\theta}$ 时，有 $\sum{}^1 > \sum{}^* > \sum{}^0$，即对整个共享交易的社会福利水平来说，"一刀切"的信用免押机制优于"线性"的信用免押机制。

综上可知，只要在押金制度 $F(\theta) = a - b\theta$ 设计中保证如下条件成立：

$$\gamma + b - \lambda Uk\tau > a > \bar{\theta}\gamma + b(2\bar{\theta} - 1)$$

就能保证"线性"的信用免押机制优于目前广泛使用的"一刀切"的信用免押机制。

3. 研究结论与建议

根据以上分析可以得出以下结论。

(1) "线性"的信用免押机制能够对需求者的诚信起到更好的激励作用。

在本研究设计的信用免押机制下，对于信用在门槛分数以下的需求者来说，信用越高，所需要预付的押金越低，由此得出的最优信用决策为：$\theta^* = a/(2b-\gamma)$。在"一刀切"的信用免押机制下，理性的需求者会选择免押金的"信用阈值"$\bar{\theta}$ 以最大化自身效用，在押金机制设计中通过让 $a > \bar{\theta}\gamma + (2\bar{\theta}-1)b$，总能保证 $\theta^* > \bar{\theta}$，因此"线性"的信用免押机制更有利于提高需求者的信用水平。

(2) "线性"的信用免押机制更有利于增进社会福利。

在"线性"信用免押机制下的社会福利水平要大于"一刀切"的信用免押机制。这是因为对于中等信用的需求者来说,在"一刀切"信用免押机制下比在"线性"信用免押机制下预付的押金更高。由于网络市场的不确定性,供给者对需求者的信用评估存在一定的偏差,因而需求者面临一定的押金损失风险,从而降低了其福利水平。另一方面,在"一刀切"的信用免押机制下,需求者最优的信用选择是免押金的"信用阈值"$\bar{\theta}$,比"线性"的信用免押机制下的信用水平低,从而导致供给者的福利水平也低。

(3) 在多阶段博弈关系中,声誉机制能减少最优押金的数量。

根据本研究,在多阶段博弈关系中,由于声誉机制的作用,随着博弈次数的增加,需求者的最优信用水平是逐渐下降的,但都高于单阶段博弈下的最优信用水平。也就是,声誉机制加强了信用免押机制的作用,从而降低对押金的需求。

根据以上研究,提出以下建议。

(1) 通过机制设计,"线性"的信用免押机制比"一刀切"的信用免押机制更能增进共享经济模式的社会福利。当前共享经济领域的押金制度,要么收取固定押金,要么使用"一刀切"的信用免押金,这都不利于交易主体信用的提升。采用"线性的"信用免押机制,一方面由于押金随着信用递减,可以降低初始用户参与共享经济的成本,促使其积累信用;另一方面,"线性"信用免押机制还可以设定更高的门槛分数,提高共享经济用户的整体信用水平。在一定的参数设计下,"线性"的信用免押机制的社会福利水平要高于"一刀切"的信用免押机制,因此政府应该鼓励更多形式的信用免押机制创新。

(2) 在完善的信用评价体系下,声誉机制与信用免押机制存在着互补关系,因而可以设定更低的信用门槛分数。如果交易主体的信用能够被完美地度量和传递,共享主体间的关系就类似于完全信息重复博弈,那么声誉机制能有效地发挥作用,从而对押金的依赖性减弱,只用较低的信用门槛分数就能有效区分潜在用户的信用度。因此,完善共享经济平台的信用评价体系,加强与第三方征信机构的信息共享,是充分发挥信用免押机制的重要保障。

3 共享经济中的信用保证机制

3.1 平台的信用保证金机制

为了建立交易双方的信任,降低交易中的道德风险,传统的电子商务平台都建立了信用保证金制度,信用保证金的目的是通过交易前的风险控制,促进双方的交易信任。押金就是一类典型的信用保证金,在信用度量不完善的情况下,押金能很好地起到减轻道德风险的作用。下面以 2.1.1 节的模型为基础,说明信用保证金的作用机理。

在 2.1.1 节的模型和参数设定下,供给者与需求者单次交易的净收益为:

$$\pi(\rho, \theta, \varepsilon) + (1-\theta)F \tag{3.1}$$

需求者的净收益函数为:

$$U - C(\theta) - (1-\theta)F \tag{3.2}$$

交易的总社会福利为: $\pi(\rho, \theta, \varepsilon) + U - C(\theta)$。

在信息完全对称的情况下,需求者选择如下的信用水平 θ,以保证整个交易的社会福利最大化:

$$\max_{\theta} \pi(\rho, \theta, \varepsilon) + U - C(\theta) \tag{3.3}$$

假设信用的成本函数为 $C(\theta) = \gamma\theta^2/2$ ($\gamma > 0$)。总是假设 $k > \gamma$,押金数量 $F < \gamma$。容易证明,在这些假设下,对需求者来说最优的信用水平为 $\bar{\theta} = 1$。

由于共享经济交易信息不对称,供给者观察不到需求者的信用水平 θ,因此,作为理性人的需求者会选择信用水平 θ 以最大化自身的收益,如果没有押金机制,需求者收益最大化的函数为:

$$\max_{\theta} U - \gamma\theta^2/2 \tag{3.4}$$

此时,$\theta^* = 0$,即在单次博弈的情况下,如果没有押金做保障,需求者会发生严重的道德风险。

如果有押金机制,需求者收益最大化的函数为:

$$\max_{\theta} U - \gamma\theta^2/2 - (1-\theta)F \tag{3.5}$$

即 $\theta^* = F/\gamma > 0$,也就是,在押金保障机制下,需求者会提高自身的信用以获得更大的收益,即押金减轻了需求者的道德风险。

在信用评价体系不完善的条件下,信用保证金仍然是建立共享经济交易信任的最简单直接的方法,然而共享经济领域普遍采用的固定保证金机制不利于共享经济主体信用的提升,基于信用的"线性"保证金机制更有利于提高社会福利。然而,信用保证金制度在促进交易诚信、降低道德风险的同时又增加了资金风险,这种基于制度的信任机制大大增加了交易的成本,百亿共享单车押金的背后就反映出了沉重的社会成本,这使得共享经济模式的吸引力大打折扣。在所有的治理机制中,信用保证金机制是效率最低、成本最高的一种方式。随着社会信用体系的建立和市场化征信制度的完善,"基于制度"的信任终将被"基于信用"的信任所代替,信用保证金机制不再是共享经济防范道德风险最主要的手段,一些更有效的信用保证机制将被设计出来。

3.2 第三方支付机制

除了声誉激励机制外,共享经济的道德风险还可以通过机制设计的方式得以解决,如第三方支付机制、信用保证保险机制等,这些机制的实施不需要了解共享经济主体的信用状况。传统的电子商务模式如C2C、B2C等,通过设计一些机制如无理由退换货机制、先行赔付机制、在线争议解决机制等就能大大减少交易纠纷的发生。然而,由于共享经济模式的交易无标准化、难描述、难取证、不可逆等特点,使得共享经济平台可以设计的机制有限,因此需要发挥其他第三方中介如第三方支付机构、保险机构等的作用。

3.2.1 第三方支付机制的作用机理

第三方支付是具有信用保障的第三方提供的可以实现买卖双方货币支付功能的支付方式。第三方支付机构通过与国内外各大银行签约合作,建立交易支付平台,提供买卖双方的支付服务通道。第三方支付分为非信用第三方支付和信用第三方支付两种方式。非信用第三方支付没有自己的在线商品交易平台,仅为用户提供支付解决方案。本研究中的第三方支付是指信用担保的第三方支付。由于我国不存在一个统一的信用征集机构,第三方支付作为网上交易双方的信用中转,通过设计支付流程来约束买卖双方的行为,起到了信用担保的作用。支付宝是中国国内最大的第三方支付平台,支付宝的核心是通过第三方来建立一种买卖双方之间的信任机制,支付宝暂时保管在线交易中的货款,在买家确认收到卖家发送的商品后,再把货款转给卖家,在这一过程中,通过交易货币的代管方式保证了交易的顺利进行。支付宝为淘宝网等电子商务平台的交易提供了很好的信任基础,避免了由于信息不对称所带来的交易道德风险。

下面通过建立有第三方支付机构参与的买卖双方交易的博弈模型,来说明第三方支付机制的作用机理。

1. 没有第三方支付机构参与的情况

假设电子商务交易市场中只有一个卖方提供一种商品,每个买方只买一次。买方的策略集为:{信任,不信任},卖方的策略集为:{守信,不守信},守信就是提供高质量的商品给买方;不守信就是提供低质量的商品给买方。U表示买方从高质量的商品中获得的效用,为了简单,假设买方从低质量的商品中获得的效用为0;P为买方的支付金额;C_1和C_2分别为卖方提供高质量和低质量商品的成本,假设$U>P>C_1>C_2>0$。在网络交易模式中,若没有第三方支付机构的参与,买方和卖方之间的交易是一个两阶段的不完全信息动态博弈。博弈的时序为:买方先选择是否信任卖方,信任就购买其商品,不信任就不购买;然后,卖方选择守信还是不守信,守信就发高质量的商品给买方,不守信,就发低质量的商品给买方。

两阶段博弈模型下买方和卖方的收益为:

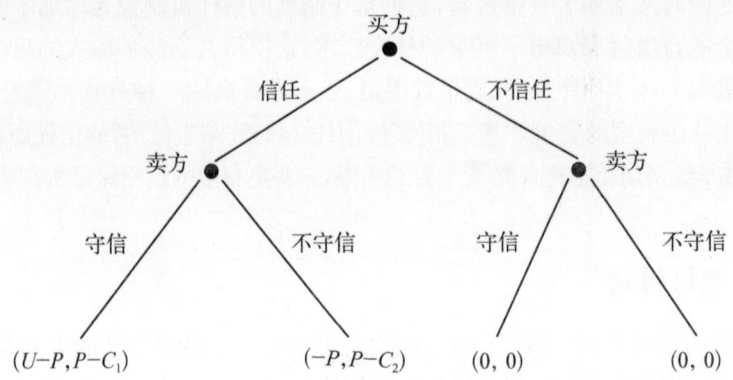

图 3-1　两阶段博弈下买方和卖方的收益

对于这个两阶段博弈模型,买方的策略集为:{信任,不信任},卖方有四个纯策略,分别为:{守信,守信},表示买方选择信任,卖方选择守信;买方选择不信任,卖方还选择守信。{守信,不守信},表示买方选择信任,卖方选择守信;买方选择不信任,卖方选择不守信。{不守信,守信}和{不守信,不守信}的定义以此类推。

通过博弈分析可知,这个两阶段博弈的精炼 Nash 均衡策略为:买方选择"不信任",卖方选择"{不守信,不守信}",也就是在没有第三方支付机构参与的情况下,由于道德风险的存在和信任的缺失,交易无法进行。

2. 有第三方支付机构参与的情况

有第三方支付机构参与的博弈时序为:第一步,买方选择是否信任卖方,信任就购买其商品,不信任就不购买商品,博弈结束;第二步,若买方购买商品,就将货款支付给第三方平台,第三方在确认收到买方货款后,通知卖方发货;第三步,卖方选择守信还是不守信,守信就发高质量的商品给买方,不守信,就发低质量的商品给买方;第四步,买方收到商品后,确认商品质量,若发现为高质量,就通知第三方平台转款给卖方,若发现为低质量,就在网站上申请退货,第三方平台在确认后将货款退还给买方。

虽然交易的过程是动态的,但由于第三方平台的资金托管作用,买卖双方的博弈关系实质上是一个完全信息的静态博弈,他们的收益矩阵如表 3-1 所示。该博弈的 Nash 均衡策略为:(信任,守信),此时交易双方达到帕累托最优,也就是说有第三方支付参与的博弈的 Nash 均衡是最优的状态,此时买方选择信任,卖方选择守信,交易得以顺利进行。这说明,第三方支付不仅起到了支付的作用,更重要的是建立了买卖双方之间的信任,所以第三方支付是一个良好的信用担保机制,能够规避买卖双方道德风险的发生。

表 3-1　完全信息博弈下买方和卖方的收益表

买　方	卖　方	
	守　信	不守信
信　任	$(U-P, M-P)$	$(0,0)$
不信任	$(0,0)$	$(0,0)$

3.2.2 第三方支付机制存在的问题及对策

目前在共享经济领域,交易平台还没有建立起自己的支付机制,主要依赖于网上银行或第三方支付机构,第三方支付仅起到支付服务通道的作用,并没有承担像淘宝网支付宝那样的信用中介作用。共享经济平台建立具有信用担保功能的支付机制具有一定的难度,主要体现在两方面:第一,不像网上商品交易领域,由于商品的可自由退换特点,通过"无理由退换货机制"和支付平台的"资金托管"功能就能很好地保障买方的利益,共享经济的交易对象是物品使用权或服务,比如住宿、网约车服务等,这种体验式交易不可逆,再加上机会成本的存在,交易一旦在事前达成就很难在事后取消。第二,共享经济是一种线上支付线下消费相分离的模式,线下消费难以取证和监督,再加上共享对象无标准化、难描述的特点,使得第三方支付平台很难受理交易双方的反馈和投诉,只能起到临时的资金托管作用,而无法通过资金的退还或先行赔付等来保障信息弱势方的利益。

然而,第三方支付机制仍然是目前一种最优的信任机制,比声誉机制和其他的信用保证机制在克服道德风险方面更具有优势。第三方支付机制可以不用解决交易双方的信息不对称问题,不通过对交易双方进行信用评价,而建立交易双方之间的信任。其具体优势在于:第一,具有权威信用,交易双方对第三方支付平台具有充分的信任,基于此交易可以顺利进行;第二,具有绝对的信息优势,因为第三方支付平台负责交易双方的支付,所以拥有双方的交易记录数据,可以通过大数据分析,对双方进行数据分析和知识挖掘,形成对用户的信用评价,可以进一步作为其他应用的基础信息,如支付宝根据交易记录数据,推出的小额贷款应用等;第三,可以设立反馈信息平台,通过对于交易双方的信誉评价,指导交易双方进行以后的交易,也减少了买卖双方的信息不对称性。因此,第三方支付机制可以增强交易双方的信用,大大减少交易的欺诈率。

因此,从长远来看,共享经济应该建立起自身的具有信用担保功能的第三方支付机制,即使由于共享经济自身特点,支付机制只能充当资金托管的角色,也能为交易双方的争议解决提供一个缓冲地带。共享经济的第三方支付机制一般运行模式为:首先,需求者选择提供物品或服务的供给者,下订单,使用第三方支付平台提供的账户进行支付,第三方在收到支付后,代为保管,然后通知供给者款到确认订单;供给者确认后提供物品或服务,需求者在使用完物品或服务后,在网站上进行确认,第三方接到需求者确认信息后,将货款转到供给者账户上。通过这种运行模式,一旦需求者发现物品或服务与描述不相符,可以申请第三方支付平台在某一时间内暂停转款,这给了需求者寻求争议解决的机会,也能对供给者行为起到一定的约束作用。

另外,如果第三方支付发展成熟,也可以作为共享经济押金的一种存管渠道,共享经济的押金存管规范化也是目前的一个热点研究问题。共享经济道德风险的一部分是由于供给者对押金的管理不当造成的,如果押金能够由具有支付性质的第三方代为存管,那么就可以减轻共享经济供给侧的部分道德风险问题,当然,这也会增加第三方支付的管理成本。

3.3 信用保证保险机制

随着互联网和保险业的迅速发展,保险和电子商务的结合越来越紧密。信用保险也越来越多地被运用于电子商务交易领域,主要表现在两个方面:平台上商家的信用保证保险和买卖双方的信用保证保险。信用保证保险具有信用担保性质,通过它可以让买家更放心地去购买卖家的商品,促进交易量的提升。淘宝网的消费者保障金制度就是一种典型的信用保证保险。此制度规定,入驻商户每年要向淘宝平台交 1 000 元到 1 万元的消费者保障金,如果发生交易纠纷,淘宝平台可以使用这笔保障金先行对买家进行赔付。信用保证保险建立了交易双方的信任,规避了交易中的道德风险。

目前电子商务中的信用保证保险多是商家向平台交纳的强制性保证金,在这种保证金制度下,电子商务平台获得了较多的流动性资金,可以用来拓展业务规模,但也会导致微小商家的流动性资金不足的问题。如果通过第三方保险公司对商家进行信用保险,商家只是交比较低的保险费给保险公司,而不用较大金额的信用保证金给平台,那么商家不仅能节约流动性资金,而且在出现问题时也可以由保险公司进行及时的赔付。

将保险机制引入共享经济中已屡见不鲜,Airbnb 在出现房屋被洗劫一空的现象后,就开始向房东提供免费最高达 100 万美元的财产保险,小猪短租也开始设计一种由保险协议和交易机制构成的保险机制来加强对房东权益的保护,但目前对于信用保证保险的应用还不多见。共享经济的道德风险不仅发生在供给者,也较多地发生在需求者(如房屋短租模式),因此也需要对需求者的信用进行信用保险。信用保证保险作为一种信用担保机制,不仅能在事前对交易者的行为起到约束作用,还能在道德风险发生后对信息弱势方进行一定的补偿。因此,对于共享经济,政府应该鼓励通过市场机制和模式创新来解决用户的权益保障问题,鼓励保险公司开发各类与共享相关的保险产品,尤其与信用相关的产品。比如对于房屋短租领域,平台可以为房东购买一定金额的房屋财产保险,保费由房客按信用分摊,那么一旦出现房屋被损害的情况,房东可以得到保险公司的及时赔付。

4 共享经济中的失信惩罚机制

建立对失信者的惩罚机制，能对共享经济中的道德风险起到震慑作用，也是治理机制中非常重要的手段。惩罚机制属于事后的一种机制，健全的法律和完善的司法体系是惩罚机制能够产生效果的基础，然而，由于共享经济发展时间短，立法和司法程序还相对落后，行政处罚的力度和范围还十分有限。目前司法程序难以解决网络交易中的大量纠纷问题。一方面，司法解决需要较高的成本，许多网络纠纷的价值很小，不值得通过司法程序去解决；另一方面，传统司法的地域管辖权制约其对跨地域的互联网纠纷的解决。因此对于共享经济中的失信行为，更多的是希望通过市场建立一种惩罚机制来制约。

4.1 第三方征信机制

4.1.1 第三方征信在共享经济中的应用

随着大数据技术的飞速发展，以芝麻信用、腾讯征信等公司为代表的互联网征信企业通过与电商平台、社交应用、金融贷款应用等场景化数据对接，将个人征信体系通过大数据整合，已经开始实现中国征信行业的重大进步。目前，互联网征信已经在上百个场景中进行了广泛的应用。共享经济也较早地引入了第三方征信作为其信用基础，例如美团单车、哈啰单车规定芝麻信用在650分以上的用户可以免押金，小猪短租也联手芝麻信用在行业内率先引入了个人征信。第三方征信不仅可以补充共享经济的信用评价，使对共享经济主体的信用度量更为完善，更重要的是，通过将共享经济领域的信用评价纳入第三方征信机制中，可以拓展对失信者的惩罚范围，即失信者在共享经济中的不良行为会影响其在其他应用场景中的活动，这种关联博弈加大了对失信者的惩罚力度。2015年7月，最高法和芝麻信用签约，开创了第三方征信机构通过最高法授权，联合开展信用惩戒的先例。

然而，无论是征信业务的普及度、商业模式的成熟度还是征信系统的完善程度，第三方征信都还存在诸多问题，尤其受利益驱使明显，目前的征信都主要反映的是个人的经济行为方面，如信用卡和贷款情况等，个人信用分基本都是为贷款而设立的。而共享经济更多担心的是交易主体的道德风险问题，比如房屋财产损害、单车乱停乱放、网约车服务态度差等，因此目前第三方征信数据与个体在共享经济中的信用关联度不大。

芝麻信用主要收集来自政府、金融系统的数据，还会充分分析用户在淘宝、支付宝等平台的行为记录。芝麻信用通过分析大量的网络交易及行为数据对用户进行信用评估，这些信用评估可以帮助互联网金融企业对用户的还款意愿及还款能力做出结论，继而为用户提供快速授信及现金分期服务。芝麻信用作为国内第一个个人信用评分系统,借鉴了美国FICO评分模型,信用分跨度从350分到950分,分数越高代表信用状况越好。芝麻信用的打分标准分五个维度,包括身份特征(15%),个人的学习及职业经历信息,个人的酒店、机票等消费行为;行为偏好(25%),指在网络购物、缴费汇款等活动中体现出的行为特点;人脉关系(5%),综合考虑个人在人际往来中的影响力及好友的信用状况;信用历史(35%),指个人的履约记录;履约能力(20%),综合考虑个人各方面资产信息得出履约能力,如社保公积金缴纳动产及不动产等。除身份特征外,占比85%的分数主要用来衡量个人在金融消费领域的信用状况。

芝麻信用的缺陷在于:采集的信息数据主渠道来自于"阿里体系",包括阿里巴巴的电商数据、蚂蚁金服的网络金融数据以及与阿里巴巴集团具有合作关系的其他公共机构提供的数据,并未接入央行征信数据。如果用户很少在淘宝、天猫上购物或不使用阿里金融,对该用户的信息采集会很困难,从而导致评分结果不能反映用户的真实信用。同时也有用户在阿里体系内人为增加资金往来频率,"刷信用"以提高信用评分。鉴于以上缺陷,芝麻信用能否作为共享经济的信用评价需要进行实证检验。

为了分析第三方征信在共享经济信用评价中的作用,本节以小猪短租平台为研究对象,收集房东的交易和信用评价等数据,实证检验房东的芝麻信用分与其交易评价之间的关系。

4.1.2 第三方征信作用的实证检验

1. 数据收集和实证分析

为了获得更多的房东基本信息,选择小猪短租上已经开通个人主页的房东作为研究对象,因为其个人主页上有性别、年龄、学历等个人特征信息,而未开通个人主页的房东则没有此信息。另外,只采集所在地分布在北京、上海、广州、深圳四个一线城市的房东信息,这是因为,一线城市经济发达,外来人口众多,房屋共享交易非常活跃,交易量较大,因此能够在较短时间内收集到较多开通个人主页的房东信息,且由于交易量大,房东发生道德风险的概率增加,避免因评价标准差较小对回归结果造成影响。房东个人特征信息和历史交易信息在个人主页上采集,房东的交易评价数据在该房东任一房源展示页面上采集。通过软件编程和数据爬取,收集了超过200M、总记录超过1万家的房东信息及评论数据。

将用户对房东的交易评分作为被解释变量,将房东的芝麻信用分作为解释变量。交易评分分为总评分和分项评分。总评分为用户对房东某房源总体评分,每一个房源均有此项指标。分项评分包括"整洁卫生、描述相符、交通位置、安全程度、性价比"五项评分,但由于并非每个房源均提供上述五项评分,因此选择交易总评分作为被解释变量。将控制变量分为两类:第一类为个人特征因素,用来描述房东个人特征及经历,包括房东的性别、年龄、所在地、故乡、职业、学历,这些变量均为定性因素,为了对其进行统计分析,需要对其进行分类赋值,分类赋值情况如表4-1所示;第二类为服务能力因素,用来描述房东在过去交易中表现出的能力和态度,包括房东的在线回复率、平均确认率、订单接受率、房东日记数、可预订房源、房客点评数和预订历史,均为定量变量。

表4-1 房东个人特征因素分类赋值表

变量名称	变量赋值
性别	男＝0,女＝1
年龄	90后＝1,80后＝2,70后＝3,60后及以下＝4
所在地	上海＝1,其他＝0
故乡	一线城市＝1,二线城市＝2,三线城市＝3,四线城市＝4
血型	A型＝1,B型＝2,O型＝3,AB型＝4
职业	管理层＝1,IT人员＝2,艺术工作者＝3,教师＝4,金融从业者＝5,其他＝6
学历	高中＝0,大专＝1,本科＝2,硕士＝3,博士＝4

对交易评分数据进行描述性统计分析。交易评分的最大值为5,最小值为4.1,波动范围0.9;评分均值为4.89,标准差为0.05;各评分的频率分布见图4-1,其中5分比率为45.7%,5分以下比率为54.3%。由于交易评分的标准差较小,考虑到在房东没有发生重大失信情况下,消费者更倾向于满分好评,评分不可避免趋于同质化的情况,当评分低于5分时,可以看出房东在共享交易过程中发生了某种程度的道德风险,导致用户没有好评。

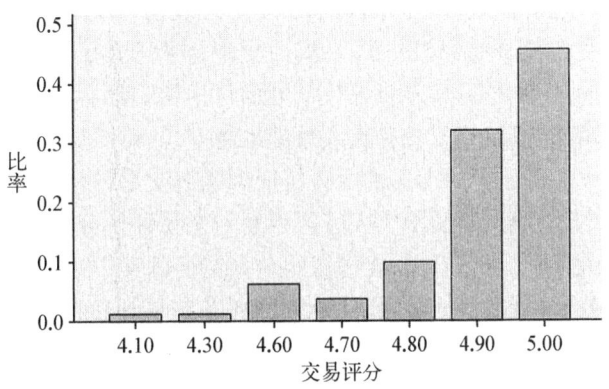

图4-1 交易评分统计分布

在房东样本数据中,女性房东占比60.5%,"80后"和"90后"房东占比66.7%,学历为本科以上的房东占比72.8%。从房东个人特征因素与其交易评分的二维频数表(见表4-2)中可以得出:(1) 51%的女性房东拥有5分好评,而仅有37.5%的男性房东获得5分好评;(2) "90后"房东的5分好评率为50%,"80后"的5分好评率为34.2%,"70后"和"60后"的5分好评率均在60%左右;(3) 学历在本科以上的房东5分好评率为50.8%,学历为大专及以下的房东5分好评率仅为31.8%。由此可得出,房东的交易信用与其性别、年龄和学历有一定的关系:女性房东在共享交易过程中的信用比男性房东要高;房东的年龄越大,交易信用越高;房东的学历越高,发生道德风险的概率越低。

表4-2 房东个人特征因素与交易评分的二维频数表

个人特征因素		交易评分						
		4.1	4.3	4.6	4.7	4.8	4.9	5
性别	男	0	1	2	1	1	15	12
	女	1	0	3	2	7	11	25
年龄	90后	0	0	0	1	1	6	8
	80后	0	1	4	2	3	15	12
	70后	0	0	0	0	3	5	12
	60后	1	0	1	0	1	0	4

续表

个人特征因素		交易评分						
		4.1	4.3	4.6	4.7	4.8	4.9	5
学历	高中	0	0	0	0	0	0	1
	大专	1	1	1	1	3	8	6
	本科	0	0	3	2	3	12	23
	硕士	0	0	1	0	2	4	6
	博士	0	0	0	0	0	2	13

通过对变量的相关性分析可知：房东的芝麻信用分与订单接受率存在正相关关系，表明芝麻信用分越高的房东在一定程度上接受订单的能力越强，但芝麻信用与交易评价并不存在显著的相关关系；在线回复率与平均确认率显著正相关，说明在线回复率高的房东订单确认率也高；房客点评数与可预订房源、预订历史也显著相关，说明拥有越多可预订房源的房东，其预订历史和点评数量也越多。

为了分析房东的个人特征因素对交易评价的影响，选择回归模型的控制变量，首先对房东的性别、年龄等个人特征因素与交易评价分别做方差分析，方差分析的结果见表4-3。从表4-3可以看出，在房东的个人特征因素中，年龄和学历对房东的交易评价有显著的影响，而房东的性别、故乡、职业等特征对交易评价没有表现出显著的影响，这一结论与描述性统计分析结果相符，因此年龄和学历这两个因素可以作为回归分析的控制因素。具体来说，与年长的房东相比，年轻的房东由于阅历尚浅，责任感相对较弱等原因，在共享交易过程中更容易发生道德风险；未受高等教育的房东失信的可能性远高于学历较高的房东。

表4-3 房东个人特征因素与交易评价的方差分析表

变量	F值	Sig值
性别	3.787	0.030*
年龄	3.532	0.033*
故乡	1.235	0.303
职业	0.745	0.593
学历	1.451	0.226

注：*表示F值在0.05的显著性水平下显著。

通过建立多元线性回归模型来实证检验房东的芝麻信用与共享交易信用之间的关系。回归结果如表4-4所示，从回归结果可以得出，房东的芝麻信用对其交易评价的影响不显著。这一结论从统计上验证了目前的第三方征信信用并不能衡量房东在共享经济中的交易信用的观点。芝麻信用高的房东，也有可能在交易中发生道德风险行为。

表4-4 房东共享交易信用的多元线性回归结果

因素类别	变量	标准化系数	Sig值
第三方征信信用	芝麻信用分	0.002	0.991
个人特征因素	性别	2.058	0.046*
	年龄	2.157	0.048*

续表

因素类别	变量	标准化系数	Sig 值
共享能力因素	在线回复率	0.359	0.191
	平均确认率	0.489	0.069
	订单接收率	−0.329	0.048*
	房东日记数	0.085	0.523
	可预订房源	0.373	0.118
	访客点评数	1.288	0.002**
	预订历史	−1.130	0.001**

注：*和**分别表示标准化系数在 0.05 和 0.01 的显著性水平下显著（双尾）。

2. 研究结论及建议

实证分析说明，目前第三方征信数据还不能很好地反映主体在共享经济中的交易信用。这种描述个人在金融消费领域信用状况的第三方征信，并不能作为衡量共享经济中个人道德水平的主要因素。另一方面，第三方征信也还未将个人在共享经济领域的信用情况纳入其征信范畴，或者给予的权重不够大，这使得共享经济与第三方征信的惩罚联动机制的作用还不能得以体现。

因此，第三方征信服务的市场化运作，要逐步摆脱金融领域的限制，趋向于生活场景化，加强征信记录的共享和失信行为的披露，尽快实现第三方征信与央行征信的对接。第三方征信服务机构要通过信用服务应用的多元化，提高对共享经济失信者的惩罚力度，为共享经济的发展奠定良好的信用和信任基础。

4.2 在线纠纷解决机制

在线纠纷解决机制（online dispute resolution，ODR）是目前电子商务领域解决纠纷的最有效的市场手段之一。网络交易不同于传统的交易模式，由于契约的不完备，法律也不能很好地解决网上交易的各种争端。在线争议解决机构作为中立的私人第三方仲裁，可以为交易者提供在线沟通、在线调解和在线仲裁三种方式。中国在线争议解决中心（ChinaODR）是国内提供在线争议解决机制的提供商，在短短几年时间里已经成功处理了数千件电子商务纠纷案件。

ODR 的调解流程如图 4-2 所示。由于私人仲裁往往比法庭掌握更多的信息和专业知识，ODR 能够以较低的成本对一项争议做出事实判断，甚至可以证实法庭无法证实的契约

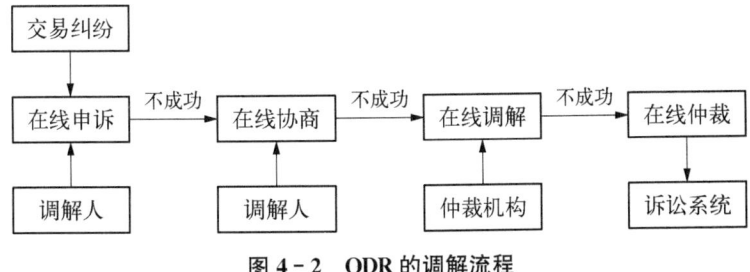

图 4-2　ODR 的调解流程

条款。ODR扩展了交易的可缔约性,使得网络交易纠纷能够得以裁决,失信者能够受到真正的惩罚,对不良交易者起到震慑作用。

ODR解决在线纠纷的一个最新的趋势是将在线解决纠纷的主体延伸到平台企业。2018年,全国12315互联网平台引入了ODR机构,引导经营者成为在线纠纷的解决企业,阿里巴巴、京东、王府井百货、红星美凯龙、宝洁中国成为首批ODR试点企业。消费者可以直接在平台上向ODR机构发起投诉,通过平台接收消费者投诉,ODR机构将在10个工作日内与消费者进行协商解决。如果双方协商不成,消费者还可以继续向工商和市场监管部门投诉。消费者投诉、企业受理、投诉处理的过程都是透明的。引入ODR机构的目的是增强平台企业作为市场经营主体和消费维权的首要责任,提高消费纠纷解决的力度和速度。目前滴滴、短租等行业平台都有很规范的客户投诉解决途径和机制。

当前在ODR解决的交易纠纷中,共享经济占了大约30%的份额。由于共享经济交易的无标准化、难描述、难验证的特点,使得其纠纷解决的难度更大,成本更高。我国目前的在线争议解决机制(ChinaODR)由于发展时间短,对于电子商务纠纷的处理在法律上还存在着诸多亟待解决的问题,比如在网上仲裁中就存在着是否能以电子形式替代书面形式、是否允许卖方用格式条款约束买方,尤其在线仲裁的裁决执行方面还存在很大问题。我国的ODR要广泛运用于共享经济的纠纷解决,还有赖于一整套有效的仲裁裁决的承认和执行制度,在传统的商事仲裁中,胜诉方有权提请有管辖权的法院承认裁决的效力,并予以强制执行。另外,在线争议解决机制的有效运行,还需要ODR服务提供者、调解员以及仲裁员保持其独立性和中立性。

4.3 行业协会惩罚机制

行业协会可以在一定程度上弥补声誉机制的失效。商会、行业协会等组织既可以充当信息中介,给网络或社团内部的成员提供违约信息,又可以充当执行中介,实施统一的惩罚、裁决和剩余分配等[44]。

一方面,由于我国还未形成市场化的企业征信制度,权威的第三方信用评级机构也未出现,在这种背景下,行业协会承担了第三方信用服务机构的角色。互联网协会信用评价中心和电子商务协会诚信评价中心等都是目前国家权威的电子商务服务评价机构,主要负责建立评价体系、对电子商务商家进行征信调查核实、信用等级评定、信用信息管理等,并对商家在履行商业协议、兑现服务许诺和承担社会责任等方面的能力和品德进行综合评价。评价结果作为商家经营许可证和生产许可证年检的参考依据,也作为对商家融资、获得政府资助、享受税收优惠等的参考依据。行业协会的信用评价体系也可以覆盖共享经济领域的商家,商家在共享经济领域的交易与其在其他领域的交易形成了一个关联博弈,他在共享经济领域交易的不良记录会影响其在其他领域的声誉。

另一方面,行业协会要作为一种治理方式而稳定存在,必须有能力实施协会内部的各种协议,充当好执行中介的角色。为此,行业协会将信用评价制度纳入了更多的互联网认证和许可制度,使得商家的网上征信成为网上交易的客观需求;也将信用评价结果纳入了政府监管及法律的范畴,加强了信用评价制度的惩罚力度。行业协会的成立可以发挥行业龙头企业的作用,今年成立的共享经济产业促进联盟即包括链家、京东、美团、滴滴、哈啰等行业标杆企业加入。

  在共享经济领域,如何发挥行业协会的信息中介和执行中介的作用:一方面,协会要积极推进各类信用信息的无缝对接,推动建立与平台、第三方征信的信息共享合作机制,积极引导平台利用大数据技术、双向评价、第三方认证、信用评级等手段和机制,健全相关主体信用记录,同时建立守信联合激励和失信联合惩戒机制,设立诚信"红黑名单",及时向社会发布;另一方面,协会要将共享经济商家的信用评价结果及时反馈给相关部门,以作为商家更多网下活动的参考依据,并积极配合各省市地方政府的信用体系建设和市场监管工作,对于有欺诈记录的商家,通过法律的形式来追究其责任,还要大力推广信用评价系统的应用,通过将信用认证和信用评级等纳入互联网经营许可证制度以及网站认证制度等,以使得网上征信常规化、透明化。

5 基于大数据和区块链的新型治理模式

传统的道德风险治理机制的作用还十分有限,结合当前新兴发展起来的大数据分析技术、区块链技术,研究共享经济道德风险治理的新方法,可以大大提高道德风险治理的效率。

5.1 基于大数据的用户行为分析——以共享单车为例

大数据分析技术已被广泛应用于电子商务中,基于大数据分析技术可以深度挖掘用户的行为特征,发现用户的不良行为,因此本研究针对近年来最火爆的共享经济模式——共享单车中的用户行为进行分析,以便对用户的道德风险行为进行识别,进一步制定相关的防范措施。

5.1.1 数据的收集与处理

相比以前的桩点式共享单车,新型无桩式共享单车能够迅速取得成功的原因在于其主打"随骑随停"和"最后一公里"的口号,解决了桩站式共享单车的固定停靠模式。但是随着城市的单车投放量呈指数式增长,同时由于一些使用者素质问题,大量共享单车随意摆放占用城市公共地理资源,以及部分城市居民乱停乱放的行为,导致城市人行道路拥挤,市容市貌受到了严重的影响。通过分析共享单车中的用户行为,为进一步优化单车的投放、设计道德风险防范机制提供依据。

1. 共享单车的数据收集

上海作为新型共享单车的首批投放城市,相比全国其他城市,单车投放量已经趋于相对稳定,数据分析结果的稳定性高,同时美团单车是共享单车中市场比例最大的共享单车品牌,并且美团单车的每一台单车上都装了精准度很高的 GPS 定位系统,因此本文选择了上海美团单车的数据来进行分析。收集和获取从 2017 年 5 月至 7 月上海美团单车的数据。

在获取数据初期,以半小时为间隔单位获取。在分析处理后结合了 Oliveira 对于时间的间隔方法,为了继续提高精度,以 15 分钟为单位,每隔 15 分钟获取一次划定范围内所有停靠的美团单车的唯一 ID 及其经纬度等信息。根据共享单车的骑行距离和骑行速度分析,15 至 25 分钟是一辆共享单车平均每次使用的时间范围,以 15 分钟为划定范围会保证数据的可靠性。分布数据即为单车在某时刻停靠位置的具体经纬度信息,结合 15 分钟的获取间隔,大大地提高了分析的精确程度。获取到的数据如表 5-1 所示。其中包括了五个维度的数据,分别是 BikeID、时间、经纬度以及单车的型号。目前车子的型号有三种,分别是 999、1 和 2 型,按照推出的时间先后顺序排列。第一种是骑起来比较吃力,用户体验度相对较差的 Type 999,占比最大的是最新推出的经过改良后的 1 号车型。可以分析各型号的单车在城市中的投放比例,通过时序性能够指导其变化趋势。

表 5 - 1 获取的美团单车分布数据属性

属性	属性介绍
BikeID	每辆共享单车唯一标识
时间	获取该单车位置数据的时间
纬度	在该时间的纬度
经度	在该时间的经度
车型	该共享单车的单车型号

在处理数据时,发现有部分单车会出现规律移动,即每天被使用次数一般在一至两次,而且在一天的使用过后会回到最初的起点附近。这种极具规律的行车轨迹如果连续出现就认为该共享单车出现了行车异常,异常出现的原因有很多种,其中包括被私人占用等情况。当异常次数达到阈值时,可认为该车存在异常行为,通过监测异常行为,从而掌握用户可能发生的道德风险行为。

2. 数据的聚类分析

对于获取到的数据,通过数据分类将数据区分为移动数据和未移动数据,即一天中被使用过的共享单车和从未被使用过的单车。对于使用过的单车,也将使用单车时的起始位置和停靠单车时的终止位置进行区分。

由于新型共享单车和以前的桩点式共享单车最大的不同在于以前的共享单车只能停靠在固定地点,而现在的新型共享单车只要不违反相关规定,可以停靠在城市任何区域。因此新型共享单车的分布呈现散点式的分布。根据资源的合理利用原则,单位面积内拥有的单车数量是决定单车分布情况的衡量标准,因此选择了基于密度聚类的 DBSCAN 算法进行聚类处理,这种细颗粒度的聚类能够更好地发现共享单车的潜在规律。

3. 可视分析系统构建

为了更直观地得到相关用户数据的结果,也可采用地图可视化、矩阵热力图、树形饼图等数据可视化技术来构建共享单车数据分析系统,详见图 5 - 1,从而清晰地展示共享单车在城市中的各种运营情况和用户行为特征。

系统也提供了便捷的交互方式,只需将鼠标根据颜色编码的提示移动到相应区块上便会高亮,左上角会显示相对应追根溯源的结果,并且该树形饼图按照比例值,顺时针按大小排序,这样能直接看出比例分布特性。

共享单车的使用情况以及效率还与共享单车在城市的平均使用次数相关。通过平均使用次数,能够反映出投放的效果好坏。平均使用次数结合车型,也能知道究竟哪种单车更受用户的喜爱,方便对车型的不同分配进行调整。由于数据的时间间隔为 15 分钟,因此将一天 24 个小时划分成 96 个以 15 分钟为基础的模块,通过矩阵热力图能够展示出地铁 300 米

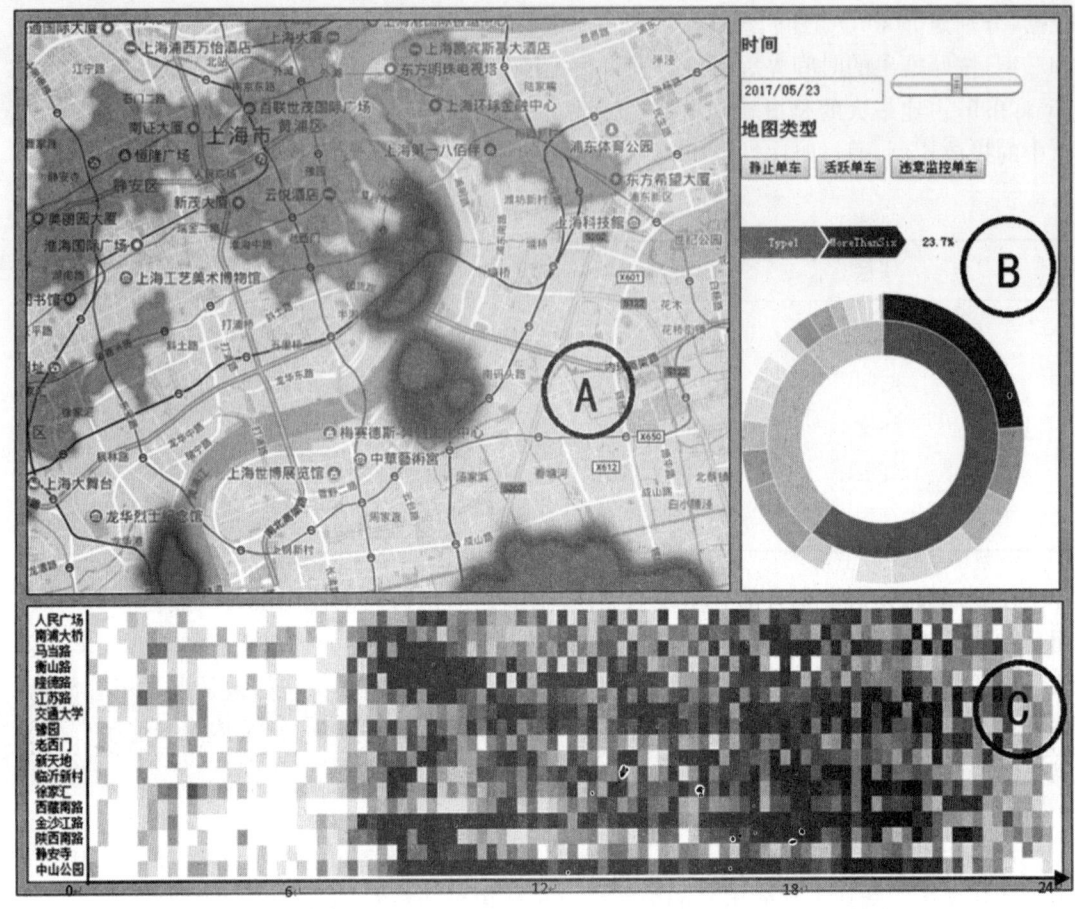

图 5-1 共享单车的数据分析界面

范围内的实时情况。为保持颜色一致性原则,矩阵热力图表示的是地铁周围的活跃情况,因此采用灰色进行编码。依据美团单车在各地铁站附近的数量,选取了基数大的 17 个标志性地铁站,分布也相对均匀。

5.1.2 共享单车用户的道德风险识别

1. 共享单车的区域特征分析

为了能够清晰地辨别聚集区域,将共享单车区分为未移动和移动两种不同属性的单车,来观察单车的使用情况。然后将两种不同属性信息在地图上进行叠加,利用最直观的可视化手段进行信息的展示和表达。

如图 5-2 和图 5-3 所示,根据聚类算法得到的美团单车的区域分布,对单车的分布进行映射,深色区域是活跃度高的共享单车分布情况,三角形或椭圆形框内区域是未被使用过的单车分布情况。通过对时间跨度为两个月的美团单车分布数据的分析,能够判定图 5-3 中 A 区域和两个 B 区域为长期不活跃区域。图 5-2 中重叠区域,在该区域内虽然存在大量未移动单车,但是在该区域内的单车活跃度相当高,可以通过表 5-2 得知实际上在重叠区域内单车投放情况相对健康。单车使用率高达 76.1%,而图 5-3 的 A、B 区域静止单车占比均高于 85% 以上。

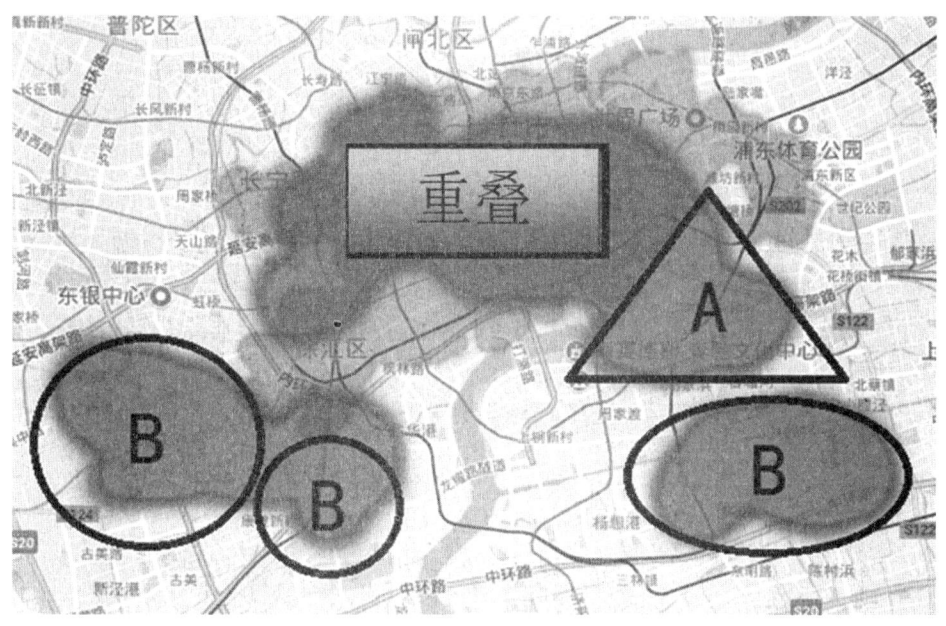

图 5-2 某日共享单车重叠热力图

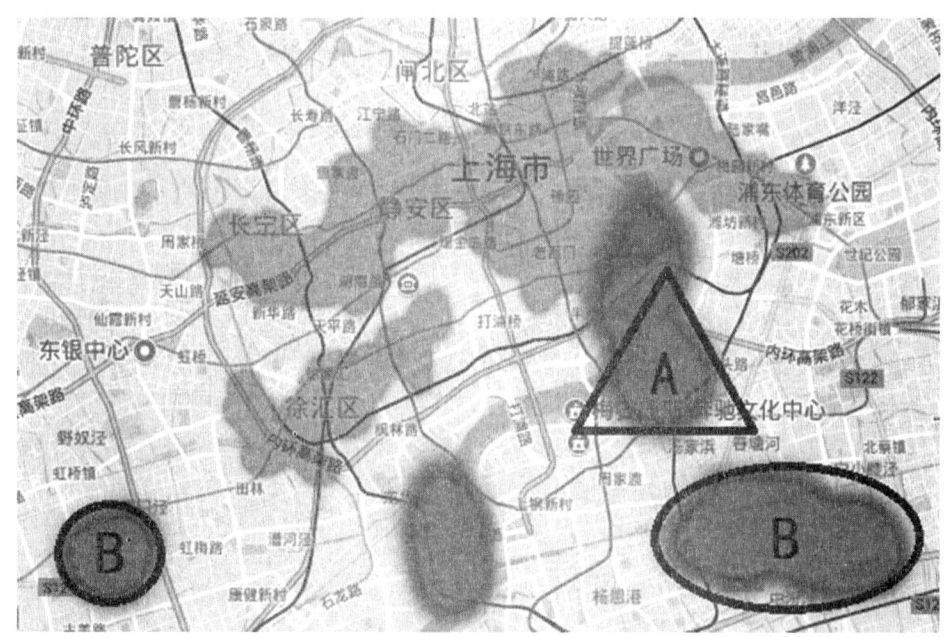

图 5-3 两个月后共享单车重叠热力图

表 5-2 某日不同区域单车数量

区域	活跃单车数量	静止单车数量(占比)
重叠	3 389	1 065(23.9%)
A	29	551(95%)
B(右)	123	934(88.4%)
B(左)	7	118(94.4%)

2. 共享单车的使用情况分析

每一辆单车在一天时间内被重复使用的次数能够反映单车的投放情况、用户使用喜好等多角度的信息。在上海地区，美团单车投放了三种类型的单车，其中型号 A 的单车是最早在上海投放的单车类型，但是受制于用户体验较差，型号 A 的单车已经在逐渐减少。车型号 B 的单车是美团在车型提升后推出的新车型，目前该型号单车市场占比大于 60%。根据图 5-4 发现，型号为 B、C 的单车一天被使用六次以上的占比分别为 26.0% 和 10.2%，全天一次都未被使用的单车占比分别为 8.01% 和 4.24%。可以得知单车的平均使用次数较高，但是依旧有超一成以上的单车全天一次都未被使用。通过分析发现只有型号 A 的美团单车全天一次未被使用的比例高于使用超过六次的比例，而其他车型一天使用六次以上的比例远超一次未使用的比例，因此型号 A 的单车可进一步缩小投放比例。

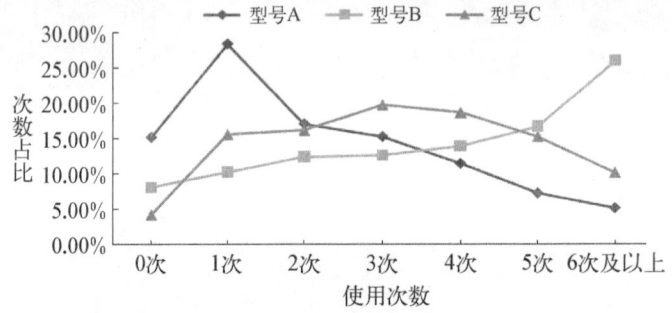

图 5-4 共享单车类型的使用比例分析

随着共享单车的使用量逐渐提高，共享单车也同城市其他交通方式产生越来越紧密的联系，其中共享单车结合地铁的出行方式是最常见的一种出行搭配方式。图 5-5 展示了某月 23 日和 24 日两天上海主要地铁站附近的单车使用情况。将时间间隔 15 分钟设为基本单位，一天 24 小时被分为 96 小块，通过颜色的深浅表示使用量的大小，能够清楚地看见使用量与实际城市居民上下班时间吻合，但是 23 日明显滞后于 24 日，不过结合当天的降雨等情况，能够解释这种情况大多和降雨等特殊天气有关。由于 23 日早晨出现阵雨，单车的使用受到了较大限制，因此早高峰出现时间推迟。共享单车与其他城市出行交通手段的完美对接，将有助于绿色出行，缓解城市交通压力。

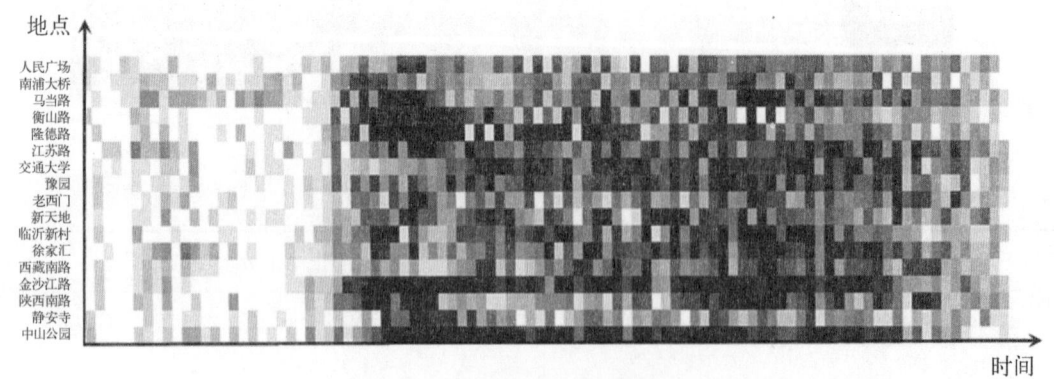

(a) 23 日单车使用情况的矩阵热力图

图 5-5 地铁周围单车需求

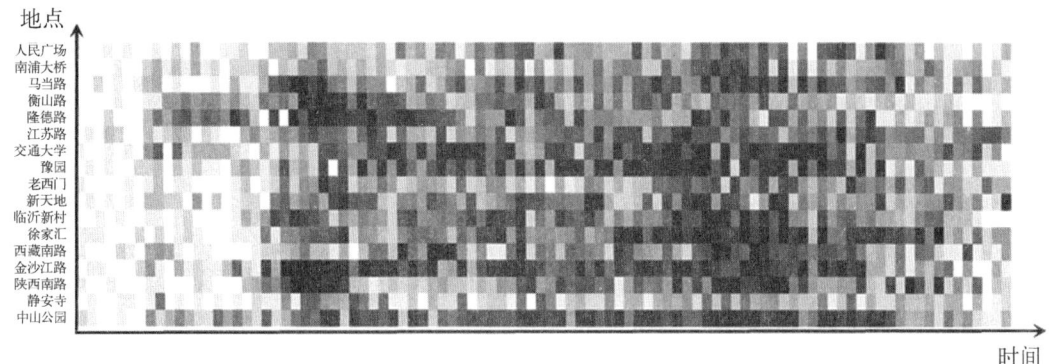

(b) 24 日单车使用情况的矩阵热力图

图 5-5 地铁周围单车需求

3. 单车用户的道德风险识别

从数据中分析监测出单车用户的道德风险行为是很有意义的。对于被私占情况等的异常分析不需要掌握实时移动轨迹,因此可以根据以下公式进行距离计算:

$$\Delta = 111.199\left[(\varphi_1-\varphi_2)^2+(\lambda_1-\lambda_2)\cos^2\left(\frac{\varphi_1+\varphi_2}{2}\right)\right]^{\frac{1}{2}}$$

其中纬度 φ_1、λ_1 表示 A 点位置,纬度 φ_2、λ_2 表示 B 点位置,其中经纬度的单位均是度。由于定位误差在 5 到 10 米内属于正常范围,因此通过公式计算出实际距离后,如果在 10 米的误差范围内,而且该单车被使用次数在一至两次,就将该车的异常值加 1,当连续出现三次就可以在地图上查找该车辆的位置。

如图 5-6 所示,在图中看见,地图中有一灰色圆圈代表的车辆,表示该车辆出现所定义的违章异常情况次数已达三次以上,因此需要对该单车进行检查。从三次开始对其进行记

图 5-6 监控异常单车的散点图

录,黑色方块和菱形白点分别表示出现异常四次和五次的单车。这里显示的是某一时间的违规用车,采用这种方法可以实时监测共享单车的数据,并及时查找异常单车对应的用户代码,对这些用户的道德风险程度进行标记。

5.2 基于大数据分析的资源配置策略

共享经济的一个重要作用就是提高资源的使用效率,这里资源的配置就显得非常重要,如果资源配置不合理,就很容易引发各类道德风险。以共享单车为例,由于投放的不合理,可能造成某些地方单车过多,乱停乱放,甚至阻碍交通等,在一些地铁站点或者商业区附近就常常出现这种情况。如果能从资源配置上设置更好的运营策略和制度,就可以在一定程度上避免这类道德风险的发生。其实优化资源的配置,提高使用效率,也是共享经济运行各方所追求的目标之一。

仍然针对共享单车这一 2017 年最热的共享经济模式,利用大数据分析技术,研究如何优化单车的布置策略,以便提高单车的利用率,包括通过一些激励措施来鼓励用户参与单车的分布结构优化等,从而从运营策略上提供一种防范道德风险的方法。

5.2.1 共享单车的流量分析系统构建

共享单车在井喷式的发展后,目前已经趋于平稳发展。目前市场上呈现美团和哈啰两家独大的情况,不少小型共享单车企业由于多种原因已经宣布倒闭。其中最主要的一个原因就是单车使用率太低,而导致这个的主要原因是单车的分布结构差,资源配置不合理。

美团单车是目前中国市场上最大的共享单车公司。收集和抓取从 2017 年 5 月至 7 月上海美团单车的数据。在获取数据初期,以半小时为间隔单位获取。在分析处理后为了继续提高精度,以 15 分钟为单位,每隔 15 分钟获取一次划定范围内所有停靠的美团单车的唯一 ID 及其经纬度等信息。根据共享单车的骑行距离和骑行速度分析,15 至 25 分钟是一辆共享单车平均每次使用的时间范围,以 15 分钟为划定范围会保证数据的可靠性。分布数据即为单车在某时刻停靠位置的具体经纬度信息,结合 15 分钟的获取间隔,大大地提高了分析的精确程度。获取到的数据包括了五个维度的数据,分别是 BikeID、时间、单车的型号以及经纬度。

由于没有固定停靠模式,单车的分布数据是极其散乱的。这里首先进行了数据的清洗、集成和转换,然后将散乱无序的点进行聚类算法的处理。通过对 K-means 等多种聚类算法的实验,结合共享单车的投放密度情况,选择了基于密度聚类的 Dbscan 算法。进一步地,对聚类结果中的每个簇选取中心点。利用 Delaunay Triangulation 进行区域的划分。图 5-7 是区域划分的结果,从中能够清楚地看见黄浦江的轮廓,再次验证了分区的准确性。由于数据只包括多次位置的变动,因此通过机器学习的相关算法计算出多次位置变动的相关性,利用 Apriori 算法将隐藏在数据下的相关情况给挖掘出来。

为了能够更加易于理解将对单车做可视分析,背景地图是一个黑色的基础地图,该地图并不包含很多地图细节,只是为了表达大致的地图轮廓及意义。整个系统的左上角可以放大或缩小背景地图,左下角会显示主区域的 ID,右上角可以选择当前是否需要显示背景地图上划分区域的图层,如果移动到了相应的区域,然后点击显示按钮,则会显示区域的划分情况。

在背景地图上显示区域的边界后,当点击希望选择的主区域,该区域就会灰色高亮起

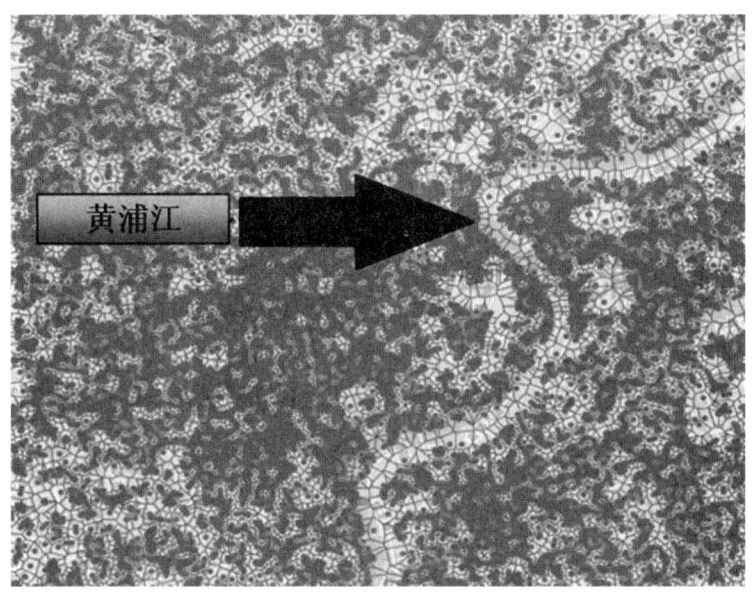

图 5-7 上海市区单车总体分布区域图

来,然后该区域的相关区域就会以亮度稍低的颜色标记出来。接下来就能从中选择期待的考察区域。当选择不同的考察区域时,后轮地图也会更换考察区域的详细地图情况。

5.2.2 不同区域的单车流动分析

基于上面的数据分析,可以得到不同地区的单车流动情况,可基于单车的分布与需求的不均衡性来优化调度。

1. 单车的流通情况分析

随机选择某区域 4,该区域内主要是写字楼片区,附近有两个地铁站,且步行距离均在 800 米左右,最近的购物中心距离约为 3.6 千米,流入流出存在几个显著的高峰时间。从中还能清晰地看到早高峰相对平坦,这是由于许多公司为了缓解早高峰情况,早班采取了灵活上班的机制。该地区在午餐和晚餐时间均出现了流量高峰,通过对于该地区属性的探究,不难发现由于周边没有大量的美食街或者购物中心,因此上班族们不得不移动到较远的地方用餐,在午餐和晚餐时间也会出现如此情况。

2. 单车的轨迹情况分析

由于 GPS 的定位会受到多方面因素影响而产生波动,因此许多轨迹数据都不是很准确。所以在无轨迹数据的情况下,如果得到其大致流通情况就非常重要了。在通过对整个上海市区进行区域划分后,得到了单车的全天区域流动信息。通过相关度的计算后发现区域之间的相关系数会逐步递减,将这些相关区域连接可得到单车的流向情况。图 5-8 展示的是在该区域的单车真实轨迹情况。通过计算在区域间流通的相关性分析,能够通过单车在这些区域间流动的大规模数据进行计算,得到吻合度较高的流通情况。

3. 异常单车区域分析

由于城市内投放单车的数量多规模大,因此存在不少单车被违规使用。其中最大部分的违法使用情况即单车被私人占用。通过对单车的位置进行检测能够发现个别单车的违章情

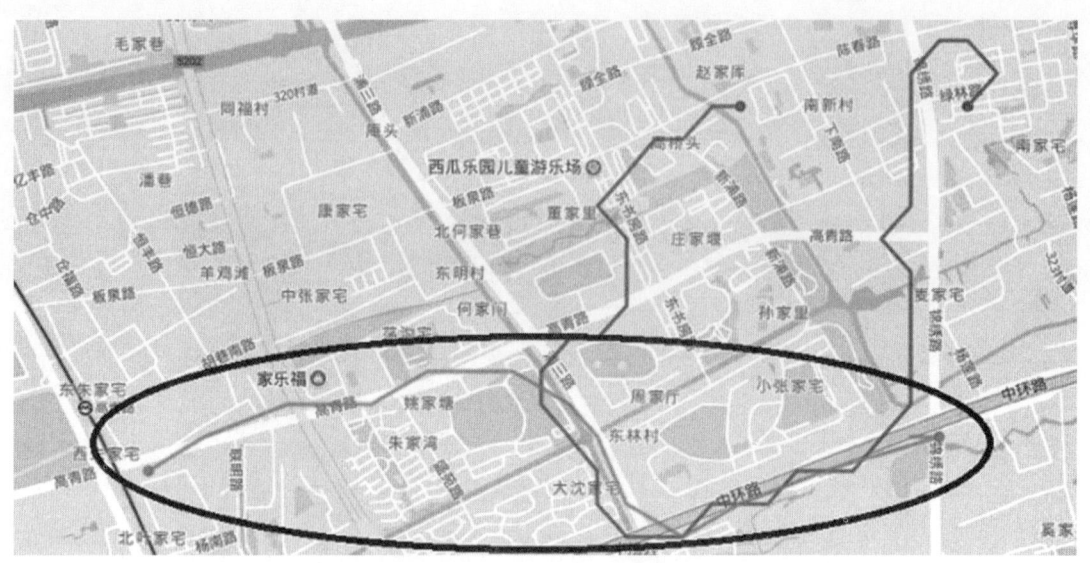

图 5-8 真实轨迹信息图

况。针对这种单车不文明现象的聚集性,可以针对性地在这些区域加大共享单车的监控和管理,甚至利用单车的 ID 对用户进行锁定并采取相应的措施,这些都可以在实际运营过程中优化。

5.2.3 同类型区域的单车流动分析

1. 住宅区域

上海拥有超过 2 400 万的常住人口,因此首先选择分析上海的住宅区。随机选取两个住宅区作为代表。图 5-9 分别显示它们的流量情况。表 5-3 是图 5-9 中的四个小区的情况。通过比较发现前两个地图的峰值更集中,早上七点前和晚上十点后基本没有单车被使用。然而在后两个小区发现基本每天 24 小时都有单车被使用。并且通过该小区周边的环境对比,发现如果小区周边硬件设施齐全,距离地铁和商场较近的话,这种小区具有相似的

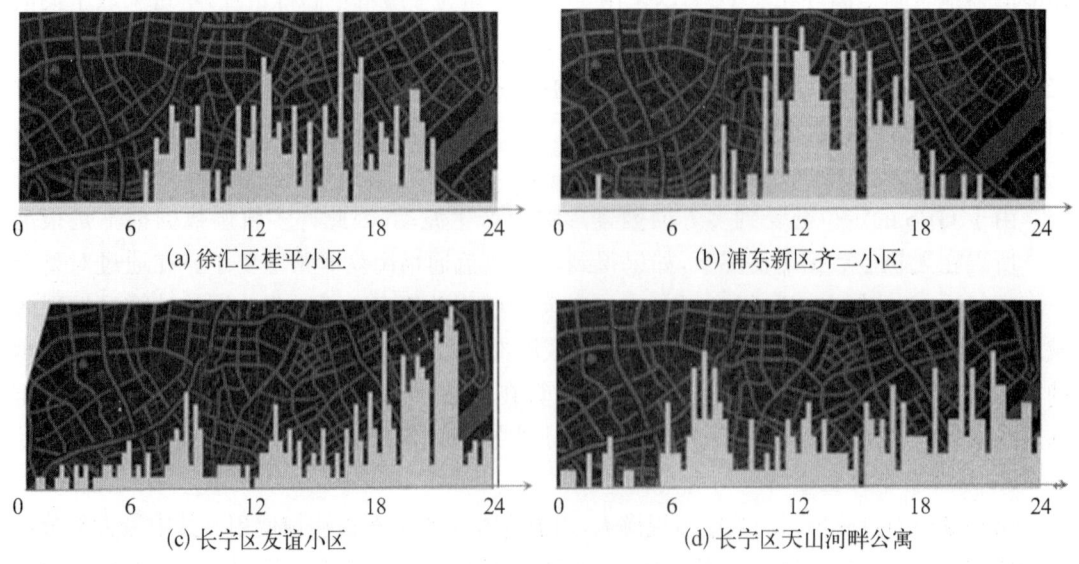

图 5-9 区域流量情况图(单位:小时)

流量情况。而且晚高峰的用车量会明显高于早高峰。且纵向与硬件设施较差的小区相比,晚高峰也相对延迟一些。

表 5-3 不同住宅区域属性

区域 ID	主要建筑	属性	最近地铁站A距离(km)	最近地铁站B距离(km)
4039	徐汇区桂平小区	住宅	1.0	0.9
7644	浦东新区齐二小区	住宅	0.85	1.6
12095	长宁区友谊小区	住宅	0.47	0.47
67	长宁区天山河畔公寓	住宅	0.32	0.32

根据上面的分析,企业应该首先考虑在小区内的常住人口数量,然后再重新考虑附近的交通情况,最后再对小区周边的其他配套硬件设施进行评估。什么时候调度单车来,什么时候调度单车走或维修故障单车,都能根据单车使用的低谷期进行安排。从这个角度看,如果在天气条件一定的情况下,共享单车企业可根据公寓的位置提供适量的单车来提高单车的利用率。由于单车公司在城市的各个角落都投放了单车,导致城市街道被大规模占用,许多市民对这种现象十分厌烦。因此,提高利用率,减少冗余单车可以说是一举多得的措施。

2. 事业单位和企业

将上班族分为在事业单位和个人企业上班两种。如图 5-10(a)、(b)是两个事业单位,如图 5-10(c)、(d)是两个企业,为了减少主观影响,这四个区域均是随机选取的。发现事业单位和企业具有完全不同的两种流量图。事业单位具有流量集中,且在规定的上班时间前和下班时间后基本没有单车的使用情况。而企业最大的特点是在规定的下班时间后呈现一直有流量的情况。这说明在规定的下班时间后,事业单位的工作人员基本都是按时下班,而企业存在明显的加班现象,并且加班时间还呈现不统一的情况。因此单车企业可以根据这种实际情况安排在办公区域周边的单车数量,根据不同的时间段调节附近单车的数量,并且

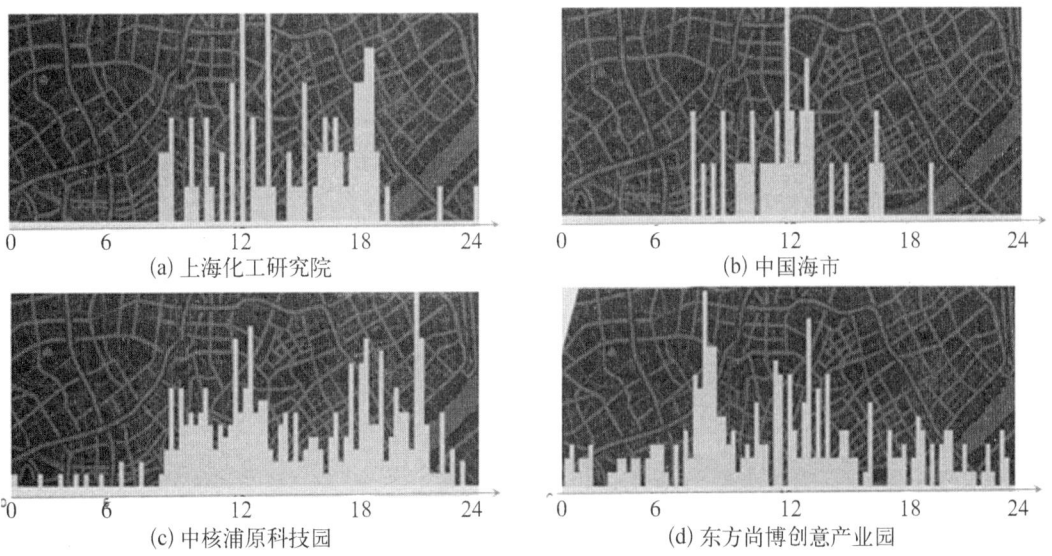

图 5-10 企业周边流量情况图(单位:小时)

事业单位周边的车存在大段使用量极低的情况,如果周边配备大量的单车则会非常浪费单车资源。随着不同特点进行相应的调度是最能够提高使用率的方法。

5.2.4 共享单车的配置策略

根据上面分析,可以有针对性地进行共享单车的调度。单车的调度策略包括两类:一类是自主的调度,一类是公司人工调度。

自主的调度将依据单车的初始摆放区域,期望通过合理的流动来达到良性流动。这里可以采用相应的激励措施来鼓励用户帮助车辆的调度,目前部分共享单车企业已经实施的红包单车、顺风车即是这类功能。红包单车,就是希望用户找到某一辆可能放置比较偏僻、使用频率较少的单车,用户使用了这辆单车将有可能获得红包,如果将此车骑行到地铁或者商圈周围,将有机会获得更大的红包,这是一种鼓励用户参与调度单车的方式;另外一种措施是顺风车,当用户在周围不易找到单车时,提出顺风车需求,提供了这个帮助的用户将获得一定的感谢金。

自动调度在一些区域并不能得到很好的结果,不可避免地需要公司运营人员来进行调度和移动单车。公司人工调度将根据时间和区域分布的不均匀性,制定优化的调度策略,将车从一个区域分批移动到其他相近区域,如晚上可以将地铁站点附近的单车移动到周围的小区门口。同时也可以根据不同区域的需求及流量对比,来调整各个区域的单车保有量。通过优化的单车配置调度策略,过多单车堆积于一处等不道德、不规范的现象得到了明显改善。

5.3 基于区块链的共享经济信用管理体系

道德风险产生的一个原因是垄断和信息不对称。当前的道德风险防范的信用体系主要还是基于平台中心化管理的思路,如金融信用主要还是建立在政府信用基础上,个人信用和企业信用也主要有征信机构统一评级管理,虽然有一些第三方管理机构,但主要还是中心化的思想。这种方式对于需要进行集中处理和交易的传统电子商务系统还是有效的。

但是共享经济模式中,交易和服务行为很多是分散的、非集中式的、网络化的。传统的信用管理模式可能存在下列弊端:① 信用度量的成本过高。由于整个社会的征信体系尚不成熟,信用评价的准确性和权威性不够,信用信息的收集需要很高的成本。② 信用信息的垄断。目前信用信息主要还是集中于共享经济商家平台或者政府管理部门手中,由于边际成本非常低,极易形成对市场的垄断,这也是一种信息不对称。③ 信用信息的共享不易。信用信息的孤岛效应明显,由于信用信息的共享不充分不透明,进行信用管理的机构和企业的信用如何保证也是个问题。

因此,在前面道德风险治理的基础上,有必要引入去中心化的治理思路。区块链是近年来兴起的一种分布式治理的新模式,下面介绍基于区块链的共享经济道德风险治理模式,主要从共享经济信用评价模型、分布式自主信用模型和整个信用体系的建立三个角度来展开。

5.3.1 基于区块链的共享经济信用评价模型

区块链是当前一个非常热门的分布式数据应用模式。区块链最初作为比特币的底层技术,采用一串使用密码学方法产生的数据块,用于验证其信息的有效性和生成下一个区块。

由于其采用分布式节点共识算法来生成和更新数据,同时采用分布式存储方式,因此具备不可篡改和不可伪造性。区块链还具有开放性、自治性、匿名性等去中心化特性,近年来在法律、金融、商务、保险等行业得到了非常广泛的应用。

基于区块链的信用评价模型将信用评价架构在区块链模式上,从而保证了评价的真实性和不可篡改性。这里首先要采用非对称密钥体系,每对密钥由一个公钥和一个私钥组成,私钥由拥有者自己保存,而公钥则需要公布于众。通过非对称密钥体系,保证了信息传输的私密性和不可抵赖性。具体思路如下。

(1) 共享经济的交易双方在系统里注册有区块链,采用企业组织代码、身份证号或者手机号等作为唯一标识。

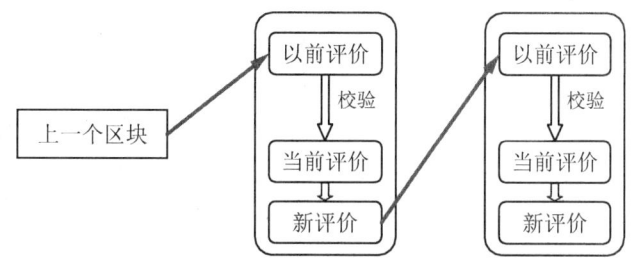

图 5-11 评价区块链

(2) 系统为每个交易主体生成一对公钥和私钥,每次交易完成时系统会发送含买卖双方及交易信息的签名文件给买家,可以将此签名文件和评价信息一起用私钥签名,广播出去,买家确认一致后将此区块加到此卖家的区块链上,否则,拒绝加到区块链。

(3) 买家评价在被准许加入卖家区块链后,先获取上个区块的卖家的评价,加入自己的评价后,形成新的评价,再加入到区块链上。

(4) 其他客户端用买卖双方的公钥,验证其签名,如果通过,则添加到卖家的区块链上。这样就形成了一个信用评价的区块链簇。

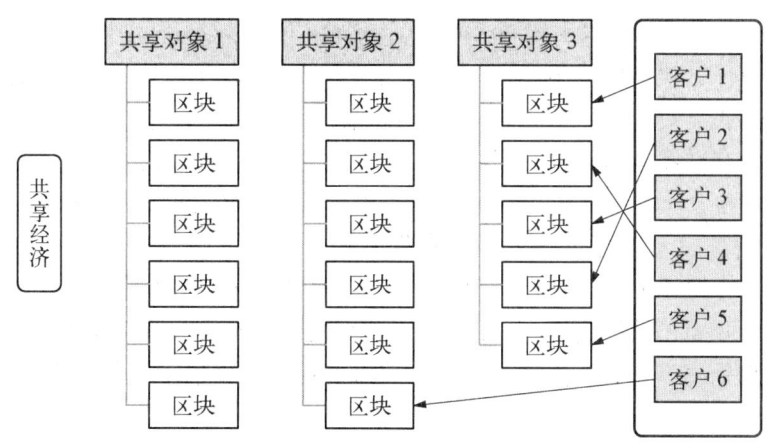

图 5-12 区块链簇

通过以上方式可以建立信用评价的区块链。由于建立信用评价区块链本身只存储评价信息,并不会增加存储量,同时区块链的建立是随着交易一起产生的,并没有增加计算量。

最主要的是,由于区块链信用的不可篡改性,从而从本质上避免了虚假评论、网络水军等信用欺诈问题。

5.3.2 基于区块链的分布式自主信用模型

进一步地可以构建一个包含信用合约交易的区块链,作为共享经济交易的总账本。基于区块链的分布式自主信用模型的结构如下。

(1) 区块链信用的主体:包括买家信用、卖家信用、平台信用以及中介信用。每个主体拥有一个独立的客户端,这些包含信用属性的独立主体通过区块链来构建信用体系。

(2) 分布式数据存储:每个区块链信用数据构成一条区块链,众多主体的信用区块链组成区块链簇。

(3) 区块链信用认证:信用认证主要通过基于非对称密钥的数字签名来实现。具体有三种方式:通过区块链中的交易记录实现主体信用认证;通过将实际身份和客户端绑定实现实名制认证;通过第三方认证机构进行资产认证注册到区块链中,可在违约时自动赔付。

(4) 信用数据分布式存储,区块链信用无需在每个客户端保存,大部分个体只需要存储整个结构索引及一小部分数据,这样既可保障数据的分布式又可以减少个体客户端的存储量。

基于上面的思路,可以构建面向共享经济模式的分布式区块链信用模型。由于区块链是基于区块链规则来建立的,可以自动收集相关信用信息,边际成本为零,极大地降低了信用收集和度量的成本。同时,基于区块链的信用度量模型打破传统信用评级的垄断和共享平台的信息孤岛,区块链的构建是通过代码自动执行,减少了人为因素的干涉。另外,分布式的存储模式保证所有人都可以通过客户端获取,杜绝了个人或者企业不公平的信用评价。

5.3.3 去中心化的共享经济信用管理体系

传统的 B2C、B2B、C2C 等电子商务系统都是中心化的系统,在这类系统中,平台具有比消费者更大的权利和信息优势,平台可以利用优势开展对自己有利的活动,从而诱发道德风险。

根据以上基于区块链的信用评价和信用模型,可以尝试构建基于去中心化思路的共享经济信用管理体系。类似于 P2P 网络,每个参与者通过客户端来进行点对点的交易,并以区块链的形式保存成总账本形式。共享经济的参与各方的分布式信用系统包括以下内容。

(1) 参与方独立注册:各个参与方,包括买家、卖家、平台管理者等,在区块链上注册,注册代码唯一,代表一个参与主体的信用记录账本。

(2) 参与主体的区块链:每个参与体都会有自己的一对公钥和私钥。每个区块链的第一块都是参与者用自己的私钥加密的注册信息,并且要发送给与自己相关的参与者采用私钥加密签名的确认书。随后根据每一步校验后将信息添加到信用区块链中,广播到各个分布存储的终端。

(3) 信用信息区块链的确认:各个分布式存储终端在收到一个新的信用区块链后,可以采用该参与主体的公钥,先验证其签名,如果通过,则添加到此条区块链上。

这是一种分布式的信用系统,包括卖家信誉和买家信誉。基于这样的方式,政府管理部门、商家和客户都能很方便地监管整个交易的信用道德水平,如图 5-13 所示。去中心化的共享经济信用体系还有一个优点就是可以很好地分享,传统的信用管理模式由于隐私和信息分离,并不是每个参与主体都能看到信用。基于区块链的方式,参与主体可以通过公钥和私钥很方便看到相关信用情况,从而自动保证了共享经济整体的信用水平。当然,针对不同共享经济具体形式,如何设计适合的信用区块链系统还需要针对性地研究,同时由于交易平台的限制,基于区块链的分布式信用系统被人们所接受还需要一定的时间。但是随着区块链技术的发展,将来有可能实现自治的共享经济交易系统,甚至于实现投票、司法仲裁、公证、身份认证,乃至去中心化的自治系统。

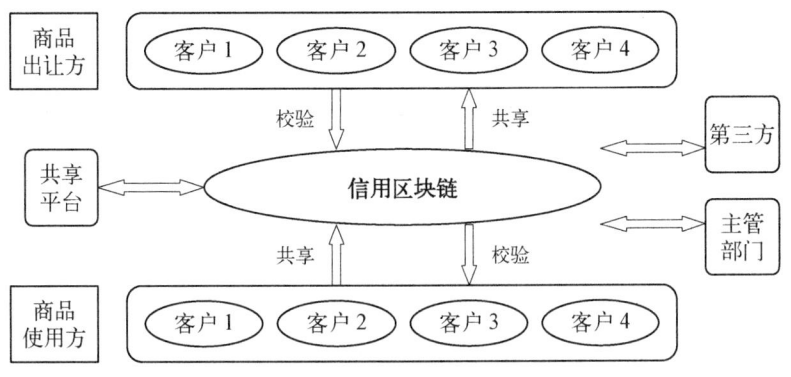

图 5-13　共享经济的分布式信用体系图

6 共享经济道德风险治理的政策建议

6.1 共享经济中政府与市场的关系分析

政府和市场之间的关系一直是经济学研究的重要问题之一。对于传统交易,政府和市场的关系既可能是互补的也可能是替代的。两者之间的互补主要体现在,要维持一个良好的市场秩序,离不开必要的管制措施作为先导,也就是市场机制要发挥作用需要基本的制度保障,适度的政府管制为维护市场机制提供了基本的游戏规则。两者之间的替代主要体现在,当管制足够充分时,即使没有市场机制,交易也能够顺利进行;而如果没有良好的管制,交易秩序就需要更多地依赖市场机制。

由于网络交易信息的不对称、电子商务契约的不完备以及法律法规的不完善,使得网上交易的治理很难通过法律、监管等公共秩序来解决[45]。基于完善的信用评价体系和平台的交易保障机制,市场机制能很好地发挥作用,保证网络交易的顺利进行。也就是,在法律制度不完善或法律不能很好发挥作用的情况下,市场在一定程度上起到了替代政府的作用。在这种情况下,加强政府管制势必会抑制市场机制的作用,在边际意义上相当于用"基于制度的信任"代替"基于市场信誉的信任",这无疑会增加交易成本,成本的分担最终会导致消费者效用的减少。因此,理解各种经济模式中政府与市场的关系,对于政府制定合理的政策具有重要的意义。

共享经济弱化了商业组织的地位,市场中的参与主体转变为了分散经营的个体,在技术层面上监管部门难以实现对众多个体全方位的监管,再加上共享经济交易难描述、不可逆、线上线下分离的特征使得监管的难度更大,所以平台与市场需要相应地承担更多的责任[46]。因此,研究共享经济交易中政府与市场的关系,明确政府在共享经济道德风险治理中的角色和定位,制定相应的政策具有重要的意义。本研究试图建立一个一般性的共享经济交易市场模型,为了分析的需要,用信誉机制简单地代替市场机制,用管制来代替政府的作用。

6.1.1 共享经济交易市场模型

只考虑一类商品市场,假设市场中存在两种类型的供给者:高质量商品供给者(用 H 表示)和低质量商品供给者(用 L 表示),高质量供给者为了维护商品和服务的高品质需要付出成本 $C>0$,而低质量供给者的成本简单设为 0。市场上的需求方用一个代表性的需求者表示,假设消费一单位高质量商品给需求者带来的效用为 $u_1>0$,消费一单位低质量商品给需求者带来的效用为 $u_0<0$。假设交易市场中存在着信息不对称,需求者观察不到供给者

的类型,但市场中建立了信用评价系统,该系统记录了供给者的历史交易评价信息,根据此信息需求者会对供给者类型持有一定的信念,即认为对方是高质量供给者的概率,不妨用 $\phi \in [0,1]$ 表示,ϕ 也被看作是市场信誉的度量。持有信念 ϕ 的需求者购买单位商品的期望效用为:

$$u(\phi) = \phi u_1 + (1-\phi) u_0 \tag{6.1}$$

假设交易市场的进入成本可以忽略不计,也就是供给者可以自由进出,用 N_t^e 表示 t 时期新进入市场的供给者数量,ϕ_t^e 表示需求者对新进入者的类型信念,$N_{it}(i=H,L)$ 表示 t 时期市场中存在的类型为 i 的供给者数量。为了分析的简便,假设每个供给者仅持有单位商品并且交易总是成功,则在 t 时期市场中的需求者总效用为:

$$U_t = u_1 N_{Ht} + u_0 N_{Lt} \tag{6.2}$$

用 $\pi(U_t)$ 表示需求者为获得 U_t 的效用所愿意支付的费用,假设 $\pi'(U_t) > 0$ 且 $\pi''(U_t) < 0$,即效用的边际价值为正并且满足边际价值递减规律。则对需求方来说,单位商品的期望效用价值为:$q(\phi) = u(\phi) \cdot \pi'(U_t)$,这也是需求方为购买单位商品所愿意支付的价格。上述定义说明,商品的交易价格与市场信誉有关,市场信誉越高价格越高,还与市场中的商品供给数量有关,商品供给数量越多价格越低。

由于市场可以无成本自由进出,所以在每一时期开始,供给者可以根据自己的收益状况决定是继续留在市场上还是退出,假设供给者的决策变量为留在市场上的概率 $\omega_{it}(\phi) \in [0, e^{-\gamma}]$($\gamma > 0$ 为外生退出率,$i = H, L$),这个概率与需求者对供给者的类型信念有关,如果需求者越相信供给者是高质量的,供给者就越愿意留在市场上。给定供给者策略 $\omega_{it}(\phi)$,市场上的供给者数量满足以下约束:

$$N_{Ht} = \phi_t^e N_t^e + N_{H,t-1} \omega_{Ht}(\phi) \tag{6.3}$$

$$N_{Lt} = (1-\phi_t^e) N_t^e + N_{L,t-1} \omega_{Lt}(\phi) \tag{6.4}$$

由于存在着信用评价系统,在每一时期交易后,需求者都会对供给者的商品和服务质量做出评价,基于此信息,下一时期的需求者就可以对供给者的类型信念进行修正。不妨用 $S_t \in \{0,1\}$ 表示信用评价系统传递出的信号:$S_t = 0$ 和 1 分别表示需求者给出的评价信息是"商品是低质量"和"商品是高质量"。然而,由于评价机制、个体偏好、欺诈行为等原因使得评价系统的信号传递功能并非完美,假设 $p_{1,i} = P(S_t = 1 \mid i)$ 表示对于类型为 i($i = H, L$) 的供给者,系统传递高质量信号的概率,$p_{0,i} = P(S_t = 0 \mid i)$ 则表示传递低质量信号的概率。基于信号传递,需求者会按照 Bayes 法则对供给者的类型信念进行修正,即当需求者在 t 期观察到高质量信号时,在 $t+1$ 期认为供给者是高质量类型的概率为:

$$\phi_{t+1}^G = \frac{\phi_t P(S_t = 1 \mid H)}{\phi_t P(S_t = 1 \mid H) + (1-\phi_t) P(S_t = 1 \mid L)} \tag{6.5}$$

当观察到低质量信号时,在 $t+1$ 期认为供给者是高质量类型的概率为:

$$\phi_{t+1}^B = \frac{\phi_t P(S_t = 0 \mid H)}{\phi_t P(S_t = 0 \mid H) + (1-\phi_t) P(S_t = 0 \mid L)} \tag{6.6}$$

市场在每一时期的演化时序由图 6-1 所示。

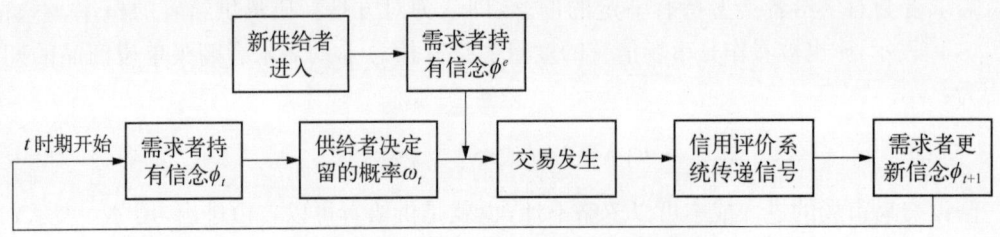

图 6-1 市场在每一时期的演化时序图

综上可知,一个共享经济交易市场可由如下变量来描述:市场中的供给者数量 N_{it}、供给者留在市场上的概率 $\omega_{it}(\phi)$、新进入供给者的信誉 ϕ_t^e 和数量 N_t^e 以及需求者获得的总效用 U_t。其中 $\omega_{it}(\phi)$ 是唯一的决策变量,供给者决策的依据是最大化他在每一时期的期望收益。只考虑稳定状态下的供给者收益,在稳定状态下 $\{N_i, \omega_i(\phi), \phi^e, N^e, U\}$ 都是与时间无关的量或函数。给定需求者信念 ϕ,稳定状态下供给者最大化的期望收益为:

$$V_i(\phi)\pi'(U)$$

其中 $V_i(\phi)$ 为如下迭代方程的唯一解:

$$V_i(\phi) = \max_{\omega \in [0, e^{-\gamma}]} \omega[u(\phi) + \omega[p_{1,i}V_i(\phi^G(\phi)) + p_{0,i}V_i(\phi^B(\phi))]] \quad (6.7)$$

$V_i(\phi)$ 即为供给者最大化决策下单位商品的期望效用,为了叙述的方便以下称 $V_i(\phi)$ 为供给者 i 的值函数(value function)。显然,当 $V_H(\phi)\pi'(U) \geqslant C$ 时,高质量供给者愿意以正的概率留在市场中,而且从(6.3)式可知,留在市场上的最优概率为 $\omega_H(\phi) = e^{-\gamma}$,若 $V_H(\phi)\pi'(U) < C$,则 $\omega_H(\phi) = 0$;同理,只要 $V_L(\phi)\pi'(U) \geqslant 0$,低质量的供给者也会以 $\omega_L(\phi) = e^{-\gamma}$ 的概率留在市场中,否则 $\omega_L(\phi) = 0$。

为了研究市场处于稳定状态均衡时信号传递与供给者信誉的关系,先定义市场均衡并给出市场均衡时各变量的值。

进入达到均衡意味着新进入者的利润为零,即

$$V_H(\phi^e)\pi'(U) = C, \quad V_L(\phi^e)\pi'(U) = 0 \quad (6.8)$$

(6.8)式被称为进入均衡条件。

定义 1:(稳定状态市场均衡) 共享经济交易市场 $\{N_i, \omega_i(\phi), \phi^e, N^e, U\}$ 达到稳定状态市场均衡当且仅当:① 给定需求者信念 ϕ,$\omega_i(\phi)$ 是 ϕ 的最优反应策略;② 进入均衡条件(6.8)式被满足;③ 市场上的供给者数量满足约束条件(6.2)、(6.3)、(6.4)式。

为了给出均衡的具体形式,需要对市场中的信号结构 $\{S_t\}$ 做出具体假定,为了计算方便,考虑连续时间的信号结构。

假定 1:(连续时间信号结构) $S_0 = 1$,$P(dS_t = 1 \mid H) = \lambda_H dt$,$P(dS_t = 1 \mid L) = \lambda_L dt$,其中 $0 < \lambda_H < \lambda_L < \infty$。

假设系统的初始信号总是为高质量信号即 $S_0 = 1$,$dS_t \in \{0, 1\}$ 表示信号的变化。$P(dS_t = 1 \mid i) = \lambda_i dt$ 表示在 dt 时间里有低质量信号出现的概率,与时间长度 dt 有关,也即

低质量信号出现所需要的时间服从 Poisson 分布,根据 Poisson 分布的性质可知,对于时间长度 t,系统一直没有出现低质量信号的概率为 $P(S_t=1\mid i)=e^{-\lambda_i t}$。

$0<\lambda_H<\lambda_L<\infty$ 表示在相同的时间内,高质量供给者传递低质量信号的可能性要比低质量供给者小得多,也就是说,在低质量供给者的评价系统里很快会出现负面评价,而在高质量供给者的系统里可能一直都是好评占主导,很久才会出现一个负面评价,这与现实情况是相符的。$\Delta\lambda=\lambda_L-\lambda_H\in(0,\infty)$ 可以用来描述市场信息的完美程度,$\Delta\lambda$ 越大说明市场信息越完美。极端的情况:$\Delta\lambda=\infty$ 即 $\lambda_H=0$,$\lambda_L=\infty$,意味着市场信息非常完美,即只要是低质量供给者,系统立刻会发出低质量信号,而对于高质量供给者永远都没有不好的评价出现;另一种极端的情况:$\Delta\lambda=0$ 即 $\lambda_H=\lambda_L$,则意味着市场信息完全没有价值,即两种类型的供给者的信号发布规律是一样的,需求者无法通过系统信息甄别出供给者类型,在这种情况下,低质量供给者会发生逆向选择,市场出现"柠檬现象",最终消失。

命题 1 给出了完美信息下的市场均衡,以期作为不完美信息市场均衡分析的基准。在完美信息市场中,由于可以完全甄别供给者类型,需求者总是可以以非正常的价格将低质量供给者驱逐出市场,因此市场中只有高质量供给者存在,从而市场信誉 $\phi=1$。

命题 1:(完美信息市场均衡)在完美信息市场中,$\phi^e=1$,$\omega_H=e^{-\gamma}$,$\omega_L=0$,U^* 满足:$\pi'(U^*)=C(e^\gamma-e^{-\gamma})/u_1$,$N_H=U^*/u_1$,$N_L=0$,$N^e=(1-e^{-\gamma})N_H$。

6.1.2 共享经济交易中信誉与管制的关系

下面在假定 1 所给出的信号结构下研究不完美信息市场的稳定状态均衡。

引理 1: 对所有 $\phi\in[0,1]$,$V_H(\phi)>V_L(\phi)$ 并且 $V'_H(\phi)>V'_L(\phi)>0$,$V''_H(\phi)<V''_L(\phi)<0$。用 $\bar\phi$、$\bar U$ 分别表示满足进入均衡条件(6.8)式的信誉和效用,即

$$V_H(\bar\phi)\pi'(\bar U)=C, V_L(\bar\phi)\pi'(\bar U)=0。 \tag{6.9}$$

命题 2: 在假定 1 给出的信号结构下,市场存在如下唯一的稳定状态均衡:$\phi\in[\bar\phi,1]$,$\phi^e=\bar\phi$;$\omega_i(\phi)=\begin{cases}e^{-\gamma}, & \phi>\bar\phi\\ 0, & \phi\leqslant\bar\phi\end{cases}$;$N^e=(1-e^{-\gamma})\bar U/u(\bar\phi)$,$N_L=(1-\bar\phi)\bar U/u(\bar\phi)$,$N_H=\bar\phi\bar U/u(\bar\phi)$。

命题 2 只需证明 $\omega_i(\phi)$ 是 ϕ 的最优反应策略。由于 $V'_i(\phi)>0$,所以对所有的 $\phi>\bar\phi$,$V_H(\phi)\pi'(\bar U)>V_H(\bar\phi)\pi'(\bar U)=C$,$V_L(\phi)\pi'(\bar U)>V_L(\bar\phi)\pi'(\bar U)=0$;对所有的 $\phi\leqslant\bar\phi$,$V_H(\phi)\pi'(\bar U)\leqslant C$,$V_L(\phi)\pi'(\bar U)\leqslant 0$。根据(6.3)式可知,对于供给者 i 来说,当收益为正时,总是以最大的概率 $e^{-\gamma}$ 留在市场中,而当收益非正时总是以最快的速度退出市场。证毕。

比较命题 1 和命题 2 可知,信息的不完美导致了市场信誉的降低($\phi<1$)和需求者效用的损失($\bar U<U^*$)。这是因为 $V_H(\bar\phi)\pi'(\bar U)=C=V_H(1)\pi'(U^*)$,并且 $V_H(\bar\phi)<V_H(1)$,所以 $\pi'(\bar U)>\pi'(U^*)$,由 $\pi'(\cdot)$ 的递减性可知 $\bar U<U^*$。

在均衡时两类供给者的值函数如图 6-2 所示。

命题 3: ϕ 关于 $\Delta\lambda$ 是单调递增的,特别的,当 $\Delta\lambda\to 0$ 时,$\phi\to\bar\phi$;当 $\Delta\lambda\to\infty$ 时,$\phi\to 1$。

证明略。命题 3 说明均衡状态的市场信誉随着信息不完美程度的增加而降低,特别是,当信息非常完美时,市场中只有高质量的供给者存在,低质量的供给者被驱逐出市场;当信

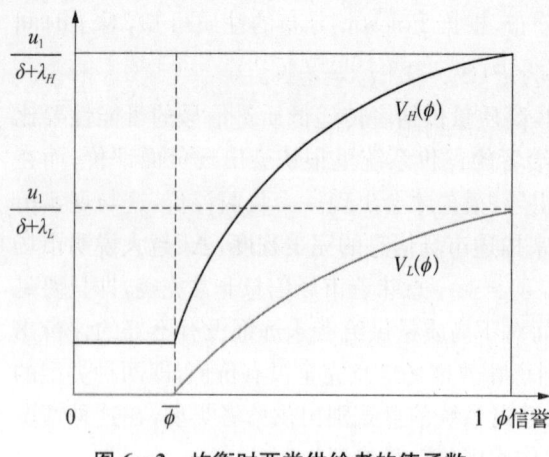

图 6-2 均衡时两类供给者的值函数

息完全没有价值时,市场信誉为最低水平 $\bar{\phi}$。命题 3 也说明,在一个信息不对称的交易市场中,即使没有管制,只要信号传递较完美,信誉机制就能较好地解决供给者的逆向选择问题。

下面在市场中引入管制。在上述模型中,不妨用成本 C 的增加量 F 来描述管制,管制的力度越大,导致供给者的经营成本越高。由命题 2 可知,市场均衡完全由供给者留在市场上的信誉阈值 $\bar{\phi}$ 和需求者总效用 $\bar{U}$ 决定,而 $\bar{\phi}$ 和 $\bar{U}$ 又由进入均衡条件决定,即:

$$V_H(\bar{\phi}) \times \pi'(\bar{U}) = C + F$$
$$V_L(\bar{\phi}) \times \pi'(\bar{U}) = F$$

另外,市场均衡时供给者的期望收益为:

$$W_H(\phi, F) = V_H(\phi)\pi'(\bar{U}) - (C + F)$$
$$W_L(\phi, F) = V_L(\phi)\pi'(\bar{U}) - F$$

不难证明,即使没有信号传递,只要管制力度足够大,市场仍然可以达到完美信息均衡,但是管制会导致社会成本,即需求方效用和供给方收益的减少。

命题 4:给定信息不完美程度 $\Delta\lambda \in (0, \infty)$,有:$\dfrac{d\bar{\phi}}{dF} > 0$,$\dfrac{d^2\bar{\phi}}{dF^2} < 0$,$\dfrac{d\bar{U}}{dF} > 0$;存在 $\phi^{\Delta\lambda}$,使得当 $\phi < \phi^{\Delta\lambda}$ 时,$\dfrac{\partial W_i(\phi, F)}{\partial F} > 0$,而当 $\phi > \phi^{\Delta\lambda}$ 时,$\dfrac{\partial W_i(\phi, F)}{\partial F} < 0$;对所有的 $\phi \in [\bar{\phi}, 1]$,$\dfrac{\partial^2 W_i(\phi, F)}{\partial F \partial \phi} < 0$。

证明略。$d\bar{\phi}/dF > 0$ 揭示了在任何信息环境下信誉与管制之间的互补关系,即加强管制总是有利于提高市场信誉。这是因为当管制增加时,供给者的成本增加,对需求者信念的要求也相应提高,低质量供给者在市场中越来越无利可图,逐渐退出市场,市场信誉增加;$d^2\bar{\phi}/dF^2 < 0$ 说明随着管制的增多,管制对信誉的促进作用越来越小。管制和信誉的这种互补关系可以由图 6-3 中信誉的供给曲线来表示。另一方面,$d\bar{U}/dF > 0$ 说明增加管制有利于提高需求者总效用,这是因为增加管制提高了市场信誉或高质量供给者的比例。

$\partial W_i(\phi, F)/\partial F$ 可以看作是供给者对管制的需求函数。命题 4 说明当信誉较低 ($\phi < \phi^{\Delta\lambda}$) 时,供给者对管制有正的需求。这是因为,虽然管制增加了供给者的成本,但管制能带来市场信誉的提升,增加供给者的收益,当信誉较低时,后者的作用大于前者,因此市场需要管制;然而,当信誉达到一定水平 ($\phi > \phi^{\Delta\lambda}$) 后,管制对信誉的促进作用变小,信誉提高所带来的收益增加补偿不了管制所导致的成本增加,这时供给者对管制的需求为负。$\partial^2 W_i(\phi, F)/\partial F \partial \phi < 0$ 揭示了信誉与管制之间的替代关系,即当信誉较低时,对管制的需求较高,而

当信誉较高时，对管制的需求较低。管制与信誉之间的这种替代关系可由图 6-3 中的管制的需求曲线来描述，这与信息对称的传统市场的管制需求曲线的形状相一致。信誉的供给曲线和管制的需求曲线之间的交点即为均衡时最优的管制水平 F^*。

命题 5：（信誉与管制的关系）$d\bar{\phi}/dF$ 关于 $\Delta\lambda$ 是单调递减的，并且当 $\Delta\lambda \to \infty$ 时，$\dfrac{d\bar{\phi}}{dF} \to 0$，当 $\Delta\lambda \to 0$ 时，$\dfrac{d\bar{\phi}}{dF} \to \infty$；$\dfrac{\partial^2 W_i(\phi, F)}{\partial F \partial \phi}$ 关于 $\Delta\lambda$ 也是单调递减的。

证明略。命题 5 说明，随着信号传递越来越完美（$\Delta\lambda$ 增加），管制对信誉的促进作用越来越小（$d\bar{\phi}/dF$ 减少），也即信誉与管制的互补关系越来越弱，互补关系可以由图 6-4 中信誉的供给曲线来表示，$d\bar{\phi}/dF$ 即为信誉的供给曲线的斜率，$d\bar{\phi}/dF$ 关于 $\Delta\lambda$ 递减说明，当 $\Delta\lambda$ 增大时，随着管制的增加信誉供给的速度越来越慢，即信誉供给曲线变得越来越平坦，图 6-4 给出了不同信号传递情况下信誉供给曲线的形状。极端情况，在信号传递非常完美时，信誉的供给曲线趋近于一条水平线，即管制对提高信誉几乎没有帮助，这时即使市场中没有管制信誉也很强，这也解释了为什么在法律法规以及社会信用体系都较完善的国外市场中仅靠信誉机制就能很好地维持经济秩序的原因，反之，在信号传递被完全扭曲（$\Delta\lambda \to 0$）的市场中，管制对信誉的促进作用非常大（$d\bar{\phi}/dF \to \infty$）。另一方面，$\partial_i^2 W(\phi, F)/\partial F \partial \phi$ 关于 $\Delta\lambda$ 递减说明，随着信息完美程度的增大，信誉与管制的替代关系越来越强，即为了增加一单位信誉需要的管制越来越少，两者的替代关系可由图 6-4 中管制的需求曲线来表示，$\partial^2 W_i(\phi, F)/\partial F \partial \phi$ 即为管制的需求曲线的斜率，随着 $\Delta\lambda$ 的增大，管制的需求曲线变得越来越陡峭，如图 6-4 所示。

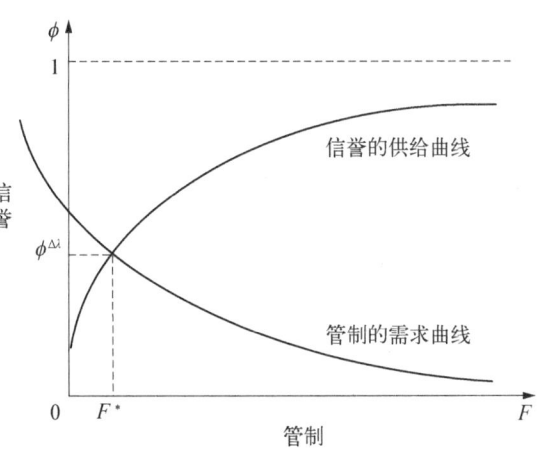

图 6-3 给定 $\Delta\lambda$ 时管制与信誉的关系图

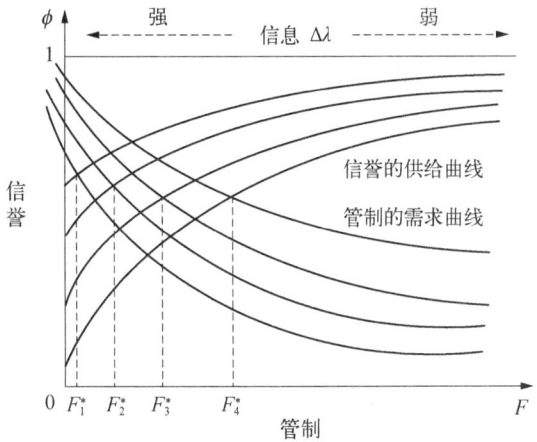

图 6-4 信息、信誉与管制的关系图

由命题 5 可知，当市场信息较完美时，信誉与管制的互补关系较弱，而替代关系较强，并且当 $\Delta\lambda \to \infty$ 时，$d\bar{\phi}/dF \to 0$，这时替代关系占绝对的主导；反之，当市场信息不完美时，信誉与管制的互补关系较强，而替代关系较弱，并且当 $\Delta\lambda \to 0$ 时，$d\bar{\phi}/dF \to \infty$，这时互补关系占绝对的主导。简而言之，当信息较完美时，信誉与管制更多地体现的是替代关系，而当信息不完美时，两者更多体现的是互补关系。命题 5 很好地揭示了信息、信誉与管制三者之间的关系。

管制的需求曲线和信誉的供给曲线之间的交点即为在一定信息程度下最优的均衡管制水平 F^*。由命题5可知,管制对信誉的供给弹性随着 $\Delta\lambda$ 的增大而减小,而信誉对管制的需求弹性则随着 $\Delta\lambda$ 的增大而增大,图6-4不仅描绘了信息 $\Delta\lambda$、管制 F 和信誉 ϕ 之间的关系,还刻画了由这些关系所决定的均衡时的最优管制水平 F^*。由图6-4可知,市场中的信号传递越强,最优的管制水平 F^* 越低,特别的,在近乎完美的市场中最优的管制水平为0。

6.1.3 研究结论及建议

本研究的理论分析结果表明,在共享经济中,信誉与管制之间同时存在着互补和替代关系,互补关系主要体现在信誉发挥作用需要必要的管制措施做保障,替代关系体现在信誉的作用会随着管制力度的加强而削弱。哪一种关系占主导与市场所处的信息环境有关,在信息不完美的环境下,互补关系占主导,反之,在信息较完美的环境下,替代关系会占主导。因此共享经济交易市场中的管制并不是多多益善,尤其对于信息比较完美的市场,过多的管制会"挤出"信誉发挥作用的空间,用基于"制度"的信任来代替基于"信誉"的信任,这无疑会增加信任的社会成本,降低社会效用。因此,认清共享经济交易中信息、信誉与管制的关系,对于管理层合理地进行制度设计和管制安排具有重要的意义。

根据本研究得出的政策启示如下。

第一,要着力完善共享经济交易的信息环境。信息环境越完善,市场与政府的替代关系越强,仅依靠市场机制就能很好地维持共享经济交易的秩序。这就要求共享经济平台严厉打击信用炒作、恶意差评等破坏信用系统的行为,不断提高后台监控技术,识别虚假交易,及时删除由虚假交易产生的评分、评论、信用积分等,对涉嫌提供虚假交易的商家以搜索降权等手段进行严厉惩处。

第二,对于共享经济适度的管制措施是必要的。由于信用评价体系的缺陷,共享经济交易市场的信誉还很缺乏,因此适度的管制是必要的,管制不是政府的直接干预,也不是代替市场发挥作用,这会造成更高的社会信任成本,管制是要为市场机制的发挥提供更多的政策保障。另一方面,正是由于我国信用体系的缺失和信用环境的恶劣,才导致目前共享经济交易治理较高的成本,因此政府当务之急是尽快建立一套成熟完善的全社会信用体系。在一个社会信用体系发达的国家,线下的信用体系和线上的信用体系会形成一个关联博弈,对线上的交易行为起到很好的约束作用。

6.2 政策建议

根据本研究的结论,由于共享经济中信息环境的不完善,政府和市场两种力量更多体现的是互补关系,政府要为共享经济交易市场的运行提供更多的制度保障。为此,政府的监管职能要由主导向协助转变,在监管目标的制订上要把握好适度性原则,既要避免监管过度以致扼杀创新,也要避免监管不足放任自流。

共享经济作为互联网经济形态下市场创新的产物,其发展速度之快,扩展领域之广,是其他任何一种商业模式都无法与之相比较的。共享经济作为一种新的经济形态,传统商业模式的监管方法和手段不仅由于成本过高造成监管目标难以实现,还可能直接阻碍共享经济新业态的发展。针对这种情况,创新监管模式和监管方式成为政府的必然选择。

6.2.1 监管模式方面

共享经济作为互联网高速发展的产物,起步晚、发展快、在短时间内便可形成一个体量巨大的新兴行业。由于其发展速度迅猛,许多国家的监管体系中并没有针对共享经济行业的法律或政策规范,但完全照搬传统行业的监管模式来对共享经济进行约束,往往会带来更大的问题。国外政府大多根据共享经济中存在的现实问题不断完善政策规定。总体而言,国外政府通常从以下两方面对共享经济进行监管。

(1) 在市场准入方面实行分类监管。目前共享经济监管目标在于防止人们滥用法律,进行不正当竞争,损害消费者的生命和财产安全。在美国纽约,"酒店法"禁止房东出租房屋时间短于29日,是为了防止将民用房改造成商用房,长期经营酒店。2014年10月,旧金山新法第一个确立了在线短租的合法地位,规定业主每年出租房屋时间不超过90天,如果需要全年出租房屋,则必须要与租客同住。在网约车领域也有类似的监管方式,美国加州对传统出租车和网约车进入市场运营准则实行差异化监管。传统出租车需要事先申请公共事业委员会的许可,而网约车车主只需先获得运营执照。这种限制区分了分享个人闲置资源的参与个体和利用共享经济长期经营的机构投资者,由于两者承受风险的能力不同,在市场准入限制上也有所区别。

(2) 政府和平台混合监管的模式。政府从宏观层面制定监管目标和政策,由共享平台按照规定进行自我监督。在波特兰短租市场中,短租平台需要向有关机构报备的内容包括短租房间数、房东的数量及出租房屋卫生安全达标情况。美国的网约车市场规定,网约车司机在向网约车平台申请运营执照时,平台需对其进行背景调查,同时对其申请运营的车辆本身也有多种项目的检查,如果达不到平台要求,同样不准进入市场。这种混合监管的模式降低了政府监管的成本,同时能够通过平台自律监管更好地把控线上线下交易全过程。

对于我国的共享经济监管应该坚持政府、共享平台以及行业协会合作的监管模式。行业协会作为社会团体,通过制订一系列的规则,进行行业自律管理。在行业协会内部有管理和监督的权利,不包括在政府的监管体系之内。在合作监管的方式下,政府、共享平台和行业协会之间存在梯度结构的权利分享机制,三者各自扮演不同的角色。如图6-5所示。

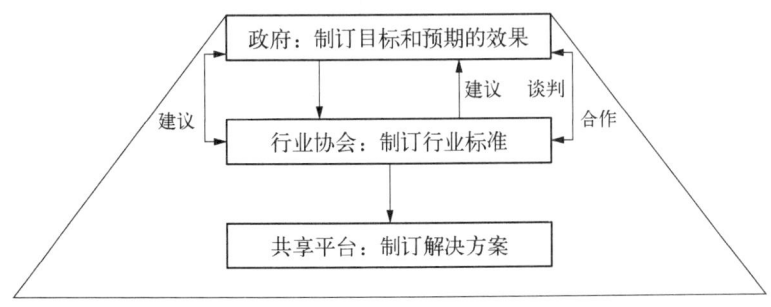

图6-5 政府、共享平台、行业协会合作监管模式

在政府、共享平台和行业协会的合作监管模式下,三方在政策目标上保持一致,在监管方法、信息共享以及技术层面展开分工合作。在监管方法合作方面,政府可以根据行业整体发展制订相应的监管目标,共享平台和行业协会根据这一目标制订行业标准和解决方案,如完善平台信用互评机制等。政府可以根据共享平台和行业协会的建议和咨询更科学地制订监管目标。政府和行业协会在监管中充分合作,对行业标准的制订进行谈判,对违规的交易主体进行惩罚。比如房屋短租平台对房东资质进行自主审核、控制交易流程中存在的风险,属于自律监管,外部则要服从于政府的监管政策以及行业协会的治理措施。在信息合作方面,三方加强信用信息共享,建立完整有效的信用评价系统,统一评价标准,指导、监督第三方信用服务机构依法依规开展综合信用等级评价活动,建立健全守信行为的激励和失信行为的惩戒。在技术合作方面,政府从政策上支持共享经济中的技术创新,行业协会和共享平台之间加强技术合作和交流,不断推进共享经济中的技术发展和创新。

在三方合作的监管模式下,政府以有限的权利灵活的对共享经济的风险进行监管,不仅节约了政府的监管成本,提高了监管效率,为共享经济的发展创造了足够的空间,同时保障了社会公共利益,促进了社会信用的提高,是共享经济健康发展的保障。

6.2.2 监管方式方面

对于共享经济监管方式的创新可以遵循以下几条原则。

第一,转变事前监管模式,实行差异化监管。以市场准入制度为例,传统的垂直管理,牌照审核的事前监管模式并不适用于共享经济行业。2017年10月,国内首个涉及民宿的国家行业标准正式生效,行业内普遍认为该标准弥补了民宿行业的监管空白,但其中对民宿的准入条件并未放宽,仍要求经营者依法取得当地政府要求的证照。以运营资质管理为基础的事前监管模式已经很难适应大数据为基础的扁平化轻资产业态发展要求[47]。因此应该围绕分散的闲置资源提供者的法律主体地位和信用情况,采取不同的标准区分市场准入条件。如信用良好的交易主体可适当放宽准入条件,信用较差的交易主体适用更严苛的准入条件。监管重点应从事前审批转移到事中跟踪和事后问责上。如引入灵活的短租房东抽查监管制度,对短租平台上房东进行定时检查和不定期抽查,包括房屋的质量、房东的身份是否与申请一致等,形成长效的监督机制,将监管落到实处。

第二,把握适度性原则,实现监管目标风险可控。在共享经济的监管力度方面,政府可以扮演"驱动者"的角色,即对市场中出现的创新行为更多地进行宣传和鼓励,对可能出现的风险进行适度把控。对于共享经济中商业创新可能带来的安全隐患进行密切监控,并及时推出配套措施予以解决。比如在短租领域对经营者身份进行区分,适当放宽个人经营者的市场准入标准,是政府监管适度性原则的体现。

第三,创新监管手段,加强信用监管。管理层要运用大数据、云计算、人工智能等技术,创新监管手段,实时把握平台企业市场运营、资金管理、用户权益保护等风险动态,提高潜在风险处置能力。针对可能引发系统性风险的金融欺诈行为、随意侵害用户数据权益的行为、严重妨碍市政市容管理等问题,有针对性地强化治理,对一些苗头性、倾向性的潜在风险问题,采取措施积极防范。另外,政府应加强全社会的信用信息公开,提高个人征信的准确性和应用的广泛性,同时确立充分的个人信用信息保护制度,对于公民的征信达到规范和统一的程度,这是共享经济信用监管的重要方式。

6.2.3 法律法规方面

共享经济作为一种新生业态,目前与其发展相适应的法律法规仍比较缺乏,且交易主体之间法律关系复杂,在发展过程中已经暴露了主体责任不清、不公平竞争及信息安全风险等问题。以在线短租为例,为了进一步规范民宿市场的运营,部分民宿业兴起较早的省份已经制定了一系列规范性法律文件,但这些新晋颁布的法律规范中,对民宿概念的界定比较狭窄,对信用体系的建设也没有实质性的法律条文保障,因此并没有完全起到对民宿以及短租市场的规定作用。因此,政府要根据共享经济发展的特点完善相应的法律法规和实施细则,对共享经济模式的法律关系、市场准入条件、强制性保障措施等方面做出明确的界定,最为重要的是,要明确界定共享经济平台的责任和义务,确定平台在共享经济交易治理中的主体地位,引导平台加强自身的内部监管。

结 论

本研究从声誉激励、信用保证和失信惩罚三个方面对共享经济道德风险的治理机制进行了研究。在声誉激励方面,从理论上分析了个体声誉机制、集体声誉机制和信用免押机制在防范共享经济道德风险中的作用,以及发挥这三种声誉激励机制的对策和建议;在信用保证方面,论证了共享经济平台、第三方支付和保险机构在保证共享经济交易信用中的作用;在失信惩罚方面,提出了共享经济模式下的在线纠纷解决机制,探讨了加强第三方征信和电子商务行业协会失信惩罚作用的对策建议。另外,还研究了基于大数据的用户行为分析和道德风险识别方法,提出了对于共享经济资源的配置策略,以防范由于资源分配不均所导致的道德风险问题;还构建了基于区块链的共享经济信用模型和信用管理体系,通过去中心化的模式来提高共享经济道德风险治理的效率。最后,通过论证市场与政府的关系,围绕道德风险的治理提出了相应的政策建议。

治理共享经济道德风险的方法和手段还有很多,不限于以上几方面,而且随着社会整体信用环境的改变,治理机制的作用也在发生变化,还需要继续关注和研究。另外,本研究基于区块链的共享经济自主信用模型的构建,还只是尝试性的探索,有些观点可能不是很成熟,还没有进行深入的研究,但是基于区块链的分布式自主信用是未来社会信用发展的方向,希望本研究提出的一些思路能够给以后的研究奠定一点基础。

共享经济经过若干年的扩张式发展,目前逐渐趋于理性,运营管理和相关制度正逐步完善,共享经济中的道德风险问题也正逐渐得到改善。但是我们注意到,共享经济的道德风险治理与整个社会公德的培育密切相关。在当前社会信用体系不完善、商业模式不成熟的情况下,如何建立更加完善的道德风险防范体系依然任重而道远。

参考文献

[1] ZERVAS G, PROSERPIO D, BYERS J. The rise of the sharing economy: estimating the impact of airbnb on the hotel industry[J]. Journal of marketing research, 2017, 54(5): 687-705.

[2] BOTSMAN R, ROGERS R. What's mine is yours: the rise of collaborative consumption[M]. HarperCollins US, 2010.

[3] SCHOR J, FITZMAURICE C. Collaborating and connecting: the emergence of the sharing economy[J]. Handbook on research on sustainable consumption, 2015, 26: 1-36.

[4] OWYANG J. People are sharing in the collaborative economy for convenience and price[EB/OL]. (2014-3-24)[2018-04-05]. http://www.web-strategist.com/blog/2014/03/24/.

[5] GRIFFITH E. Does money taint the sharing economy[EB/OL]. (2013-03-14)[2018-04-12]. http://pando.com.

[6] SCHOR J. Debating the sharing economy[J]. Journal of self-governance and management economics, 2016, 4(3): 7-22.

[7] THIERER A, KOOPMAN C, HOBSON A, et al. How the internet, the sharing economy, and reputational feedback mechanisms solve the 'Lemons problem'[J]. University of Miami law review, 2016, 70(3): 830-877.

[8] ROGERS B. The social costs of Uber[J]. University of Chicago Law Review Dialogue, Forthcoming; Temple University Legal Studies Research Paper, 2015, 28: 85-102.

[9] RAYLE L, SHAHEEN S, CHAN N, et al. App-based, on-demand ride services: comparing taxi and ridesourcing trips and user characteristics in San Francisco[J]. University of California transportation center working paper, 2014, 94720(Aug.): 1-19.

[10] FRADKIN A, GREWAL E, HOLTZ D, et al. Bias and reciprocity in online reviews: evidence from field experiments on airbnb[C]. Sixteenth ACM Conference on economics and computation. ACM, 2015: 641.

[11] FANG B, YE Q, LAW R. Effect of sharing economy on tourism industry employment[J]. Annals of tourism research, 2016, 57(Mar.): 264-267.

[12] RICHARD B, CLEVELAND S. The future of hotel chains: branded marketplaces driven by the sharing economy[J]. Journal of vacation marketing, 2016, 22(3): 239-248.

[13] HENTEN A H, WINDEKILDE I M. Transaction costs and the sharing economy[J]. Info, 2016, 18(1): 1-15.

[14] 屈丽丽. 信用和边界：共享经济绕不过的两道坎[J]. 商学院, 2015(10): 50-52.

[15] EDELMAN B, LUCA M, SVIRSKY D. Racial discrimination in the sharing economy: evidence from a field experiment[J]. American economic journal: applied economics, 2017, 9(2): 1-22.

[16] 郑志来. 共享经济的成因、内涵与商业模式研究[J]. 现代经济探讨, 2016, 411(3): 32-36.

[17] 李波, 王金兰. 共享经济商业模式的税收问题研究[J]. 现代经济探讨, 2016(5): 29-33.

[18] 彭岳. 共享经济的法律规制问题——以互联网专车为例[J]. 行政法学研究, 2016, 95(1): 117-131.

[19] 侯登华. 共享经济下网络平台的法律地位——以网约车为研究对象[J]. 政法论坛: 中国政法大学学报, 2017, 35(1): 157-164.

[20] 陈茜. 共享经济模式下我国在线短租交易的风险与防范[J]. 时代金融, 2016(20): 285-287.

[21] 李珍珍. 以高校小黄车为载体的共享经济分析[J]. 经贸实践, 2016(17): 55.

[22] 谈超, 王冀宁, 孙本芝. P2P网络借贷平台中的逆向选择和道德风险研究[J]. 金融经济学研究, 2014(5): 100-108.

[23] 盛中华. 共享经济下新型电商平台用户信任研究——以"小猪短租"为例[J]. 工程技术(全文版), 2016(11): 309.

[24] 谢雪梅, 石娇娇. 共享经济下消费者信任形成机制的实证研究[J]. 技术经济, 2016, 35(10): 122-127.

[25] ERT E, FLEISCHER A, MAGEN N. Trust and reputation in the sharing economy: the role of personal photos in Airbnb[J]. Tourism management, 2016, 55(Aug.): 62-73.

[26] 刘奕, 夏杰长. 共享经济理论与政策研究动态[J]. 经济学动态, 2016(4): 116-125.

[27] 唐清利. "专车"类共享经济的规制路径[J]. 中国法学, 2015(4): 286-302.

[28] 陈元志. 面向共享经济的创新友好型监管研究[J]. 管理世界, 2016(8): 176-177.

[29] 张衡. 共享经济时代政府监管的困境与变革[J]. 信息安全与通信保密, 2016(1): 102-105.

[30] FUDENBERG D, MASKIN E. The folk theorem in repeated games with discounting or with incomplete information[J]. Econometrica, 1986, 54: 533-556.

[31] 吴德胜. 网上交易中的私人秩序——社区、声誉与第三方中介[J]. 经济学(季刊), 2007, 6(3): 859-884.

[32] 吴德胜, 李维安. 声誉、搜寻成本与网上交易市场均衡[J]. 经济学(季刊), 2008, 7(4):

1437-1458.

[33] 李维安,吴德胜,徐皓. 网上交易中的声誉机制——来自淘宝网的证据[J]. 南开管理评论,2007,10(5):36-46.

[34] KIM Y, PHALAK R. A trust prediction framework in rating-based experience sharing social networks without a web of trust[J]. Information sciences, 2012, 191(none):128-145.

[35] KIM S, PARK H. Effects of various characteristics of social commerce (s-commerce) on consumers' trust and trust performance[J]. International journal of information management, 2013, 33(2):318-332.

[36] 孟宪福,王动. 基于重复博弈和惩戒机制的P2P协作激励信誉模型[J]. 计算机辅助设计与图形学学报,2010,22(5):887-893.

[37] 王保玉,高承实,戴青,等. 基于无限重复博弈的P2P网络信任模型研究[J]. 计算机应用研究,2013,30(9):2802-2804.

[38] 蔡志文,林建宗. 面向价值的O2O电子商务信任预测模型[J]. 计算机工程与应用,2015,51(7):106-110.

[39] DINH T, CHOTHIA T, RYAN M. A trusted infrastructure for P2P-based marketplaces[C]. The international conference on peer-to-peer computing (P2P), IEEE 2009:151-154.

[40] SAAK, A. Collective reputation, social norms, and participation[J]. American journal of agricultural economics, agricultural and applied economics association, 2012, 94(3):763-785.

[41] 张维迎,邓峰. 信息、激励与连带责任——对中国古代连坐、保甲制度的法和经济学解释[J]. 中国社会科学,2003,3:99-112.

[42] 吴德胜,李维安. 集体声誉、可置信承诺与契约执行——以网上拍卖中的卖家商盟为例[J]. 经济研究,2009,44(6):142-154.

[43] CAI H, OBARA I. Firm reputation and horizontal integration[J]. RAND journal of economics, 2009, 40(2):340-363.

[44] GREIF A, MILGROM P, WEINGAST B. Coordination, commitment, and enforcement: the case of the merchant guild[J]. Journal of political economy, 1994, 102(4):745-776.

[45] MCMILLAN J, WOODRUFF C. Private order under dysfunctional public order[J]. Michigan Law Review, 2000, 98(8):2421-2458.

[46] 张玉明. 共享经济学[M]. 北京:科学出版社,2017.

[47] 黄家良,谷斌. 基于大数据的电子商务行业监管体系[J]. 中国科技论坛,2016(5):46-51.

附录一

图片索引

图 1-1　中国网民对共享资源需求度分布图 …………………………………… 4
图 1-2　共享经济道德风险治理思路图 ………………………………………… 9
图 2-1　房东信用评价指标体系 ………………………………………………… 14
图 2-2　相关性变量关系图 ……………………………………………………… 15
图 2-3　房客信用感知的结构方程模型图 ……………………………………… 17
图 2-4　房东和租客信任预测模型的交易失败率比较 ………………………… 24
图 2-5　各类主体的信用度的变化曲线 ………………………………………… 25
图 2-6　模型所具有的抵抗恶意诋毁的能力图 ………………………………… 25
图 2-7　需求者和联盟之间的博弈时序 ………………………………………… 31
图 2-8　联盟与非联盟情况的均衡信息阈值比较 ……………………………… 33
图 2-9　两种信用免押机制 ……………………………………………………… 35
图 3-1　两阶段博弈下买方和卖方的收益 ……………………………………… 42
图 4-1　交易评分统计分布 ……………………………………………………… 47
图 4-2　ODR 的调解流程 ………………………………………………………… 49
图 5-1　共享单车的数据分析界面 ……………………………………………… 54
图 5-2　某日共享单车重叠热力图 ……………………………………………… 55
图 5-3　两个月后共享单车重叠热力图 ………………………………………… 55
图 5-4　共享单车类型的使用比例分析 ………………………………………… 56
图 5-5　地铁周围单车需求 ……………………………………………………… 56
图 5-6　监控异常单车的散点图 ………………………………………………… 57
图 5-7　上海市区单车总体分布区域图 ………………………………………… 59
图 5-8　真实轨迹信息图 ………………………………………………………… 60
图 5-9　区域流量情况图(单位：小时) ………………………………………… 60
图 5-10　企业周边流量情况图(单位：小时) ………………………………… 61
图 5-11　评价区块链 …………………………………………………………… 63
图 5-12　区块链簇 ……………………………………………………………… 63
图 5-13　共享经济的分布式信用体系图 ……………………………………… 65
图 6-1　市场在每一时期的演化时序图 ………………………………………… 68
图 6-2　均衡时两类供给者的值函数 …………………………………………… 70

图 6-3　给定 Δλ 时管制与信誉的关系图 …………………………………… 71
图 6-4　信息、信誉与管制的关系图…………………………………………… 71
图 6-5　政府、共享平台、行业协会合作监管模式 …………………………… 73

附录二
表格索引

表号	名称	页码
表1-1	中国共享经济规模排名前五的企业	5
表1-2	国内主要共享经济领域及代表性企业	5
表1-3	几种主要共享经济模式的道德风险表现形式	6
表1-4	美团单车的信用激励和惩罚机制	7
表2-1	变量的相关系数表	15
表2-2	信用评价指标体系的因子分析结果	16
表2-3	结构方程模型分析结果	17
表2-4	房屋短租综合评价模型指标	18
表2-5	"囚徒困境"博弈收益情况表	27
表3-1	完全信息博弈下买方和卖方的收益表	42
表4-1	房东个人特征因素分类赋值表	47
表4-2	房东个人特征因素与交易评分的二维频数表	47
表4-3	房东个人特征因素与交易评价的方差分析表	48
表4-4	房东共享交易信用的多元线性回归结果	48
表5-1	获取的美团单车分布数据属性	53
表5-2	某日不同区域单车数量	55
表5-3	不同住宅区域属性	61